古文今译·二十六史故事

远古与夏商周

主　编：张宏儒
副主编：张德信

花山文艺出版社
河北冠林数字出版有限公司
河北·石家庄

图书在版编目（CIP）数据

古文今译·二十六史故事. 远古与夏商周 / 张宏儒主编. —石家庄 ：花山文艺出版社，2017.8（2022.4重印）

ISBN 978-7-5511-3647-1

Ⅰ. ①古… Ⅱ. ①张… Ⅲ. ①中国历史－远古－三代时期－通俗读物 Ⅳ. ①K209

中国版本图书馆CIP数据核字(2017)第200826号

书　　名： 古文今译·二十六史故事　远古与夏商周
Guwen Jinyi Ershiliushi Gushi Yuangu Yu Xia Shang Zhou

主　　编： 张宏儒
副 主 编： 张德信

责任编辑： 贺　进
特约编辑： 张福堂　杜丽敏
责任校对： 李　伟
封面设计： 崔　海
美术编辑： 胡彤亮
出版发行： 花山文艺出版社
河北冠林数字出版有限公司
销售热线： 0311-88643176
传　　真： 0311-88643234
印　　刷： 永清县晔盛亚胶印有限公司
经　　销： 新华书店
开　　本： 890×1240　1/32
印　　张： 3.25
字　　数： 67千字
版　　次： 2017年8月第1版
2022年4月第2次印刷
书　　号： ISBN 978-7-5511-3647-1
定　　价： 18.00元

前言

唐太宗李世民堪称千古一帝，他的论断“以铜为鉴，可正衣冠；以古为鉴，可知兴替；以人为鉴，可明得失”，至今颠扑不破。所以，读史不仅是学人必修，而且早已成风尚，为历朝历代贤达才俊所看重；时至今日，更是普及平民百姓。不了解本国、本民族的历史，茶余饭后无故事，与人交谈无资本，教育子女无底蕴，更无法增强民族自信、文化自信，也难以在生产中传薪播火、创新缔造，难以在生活中得到“诗意与远方”。

自从盘古开天地，三皇五帝到如今，我们中华民族经历了五千多年的历史，在这漫长的岁月里，经历了许许多多的朝代更迭、社会动荡，发生了许许多多的宫廷争斗、民间传奇，记载了英主与忠良如何经天纬地、昏君和奸佞怎样祸国殃民，描述了政治家、思想家、文学家、科学家等怎样以他们的聪明才智，一步步改善着人民群众的生活境地，并推动社会的进步、祖国的强大。为了重现中华文明的辉煌灿烂，为了阅古诫今、汲古益今，我们以历史事件先后为顺序，以朝代更迭为线索，以历代正史为依据，并进行去伪存真、去粗取精，纠正错讹，吸收采用最新最科学的研究成果，积数年之功，编纂出版了这套《古文今译·二十六史故事》丛书，奉献给广大读者。

本丛书以1926年上海锦章书局出版、署名舒屋山人编纂的《精订纲鉴二十六史通俗演义》为底本，特别延请中国社会科学院史学、文学的名家、专家主持历史故事的梳理与考证，有些不实之处亦有增删与纠正；并组织优秀学者作古旧文本的白话翻译，倾力做到信、畅、雅，即忠实正史，出必有凭；叙事晓畅，不艰不涩；行文在浅易中求规范，规范中求文雅，力促读者易读、爱读，尽享阅读的快乐和求知的满足，在快乐满足中把握历史演进，体悟流变真谛。

本套丛书依时间为序，按朝代划分成十册；每册中朝代独立成章，各个朝代中又以重大历史事件、历史人物为题，划分出小节，以求方便读者的多元阅读方式，适应当前生活的快节奏。划分中虽然照顾了篇章多寡，以及每册的页码厚薄，但不同朝代历史存留长短不一，实属难以均衡书册大小之规整。而且，限于底本，民国史也未尽周全，在目待版。特此禀明。

我们正处在一个大变革的新时代，迎接中华民族的伟大复兴不只是一个口号，而是必须要有践行；践行则必须要有丰富的知识作支撑，包括科学的、历史的等诸多领域。可以肯定，这正是这套丛书的编纂、出版初衷。

通读一部中国史，做一个明明白白的中国人；传承中华文明，创新民族文化，需要无数明明白白的中国人。

欲知历代兴亡事，端详尽在此书中。《古文今译·二十六史故事》丛书，期待您的悦读。

张福堂

2017 春三月于闲也斋

目录

远古神话传说时期……………………………………………… 1
一、盘古开天辟地 ……………………………………………… 1
1．九重天 ………………………………………………………… 1
2．日月五行 ……………………………………………………… 2
3．雨雪湖海 ……………………………………………………… 4
4．天高地远 ……………………………………………………… 6
5．开天辟地 ……………………………………………………… 7
二、三皇教化生民 ……………………………………………… 8
1．天皇创干支 …………………………………………………… 8
2．地皇定月年 …………………………………………………… 10
3．人皇分男女 …………………………………………………… 10
4．制衣筑穴 ……………………………………………………… 11
5．钻火结绳 ……………………………………………………… 13
三、五帝修礼明典 ……………………………………………… 15
1．伏羲定婚嫁 …………………………………………………… 15
2．河图演八卦 …………………………………………………… 16
3．娲皇补天 ……………………………………………………… 17
4．房屋伊始 ……………………………………………………… 20
5．五谷与医药 …………………………………………………… 22
6．涿鹿大战 ……………………………………………………… 23

7．历法与文字 …… 25
8．工具由来 …… 27
9．孝女成蚕 …… 28
10．极治之世 …… 29
11．《大渊》与《承云》 …… 30
12．诽谤之木 …… 31
13．水患与鲧 …… 36
14．大禹治水 …… 37
15．鲧传息壤 …… 42
16．天吴沉江 …… 43
17．开阔三峡 …… 44
18．公而忘私 …… 45
19．后羿射日 …… 46
20．舜作《九韶》 …… 48
21．禹代君王 …… 49
22．湘妃竹 …… 50
中国原始社会年表 …… 52
夏 …… 55
1．九鼎与杜康 …… 55
2．启德不薄 …… 58
3．后羿代政 …… 59
4．少康享国 …… 60
5．孔甲食龙 …… 61
6．酒池肉林 …… 62
7．商汤灭夏 …… 63
夏朝世系表 …… 65

商……………………………………………………………………………… 66
1．商王三让 ……………………………………………………………… 66
2．太甲幽闭 ……………………………………………………………… 68
3．双陆博艺 ……………………………………………………………… 70
4．妲己乱政 ……………………………………………………………… 72
5．西伯昌食子 …………………………………………………………… 73
6．怜才惜骨 ……………………………………………………………… 74
7．武王伐纣 ……………………………………………………………… 75
商朝世系表 ……………………………………………………………… 79
西周……………………………………………………………………………… 80
1．姬氏传承 ……………………………………………………………… 80
2．分封制度 ……………………………………………………………… 83
3．周公旦代政 …………………………………………………………… 86
4．成王亲政 ……………………………………………………………… 87
5．徐子越位 ……………………………………………………………… 89
6．周室式微 ……………………………………………………………… 90
7．烽火戏诸侯 …………………………………………………………… 92
周王先世世系表 ………………………………………………………… 96
西周世系表 ……………………………………………………………… 96

远古神话传说时期

一、盘古开天辟地

（远古传说时代）

1. 九重天

称王者，以天为父，以地为母，而以百姓为子。可见天为父，地为母，帝王为天地之子。而天下各代臣民百姓又都是帝王之子。

这本书专讲历代帝王的事，自然不得不由子民而追溯其父母。历来谈论天地的，都说地形状像只鸡蛋。这话很对。虽然状如鸡蛋，却又与鸡蛋不同。因为鸡蛋只一层，而天有九重。

第一重，叫宗动天。没有星辰转动，有气而无形状，这是黑罡风，瞬息吹过千里之遥，力量峻猛。带动三垣二十八宿，以及土、木、火、日、金、水、月轮等各重天，由东向西转动，一天绕地一周，转过一度。他们的外面则是混沌之气，空旷无边。也有的说宗动天外面是元际天，常静天，悠远无边。

宗动天里面，第二重为经星三垣二十八宿天。距宗动天很近，被带动旋转极快，自西向东旋转，一年相差一分，六十年转过一度，七千年转过一周。在此以下八重天，都自西向东旋转，但都为宗动天所带动，因此在下面观看，都是东升西落。

第三重，填星，即土星天。离宗动天稍远，被带动旋转较慢，自西向东，一天差一度，二十八年旋过一周天。

第四重，岁星，即木星天。离宗动天更远些，转动也更慢些。自西向东，一天差一度，十二年为一周天。

第五重，荧惑，即火星天。离宗动天更远，被带转也较慢，自西向东，两天差一度，两年为一周天。

第六重，日轮天。离宗动天远，转动慢，自西向东，一天差一度，一年为一周天。

第七重，太白，即金星天。

第八重，辰星，即水星天。离宗动天远，转动缓慢。自西向东，一天差一度，一年为一周天。

第九重，月轮天。离宗动天最远，且离地近，转动最迟缓。自西向东，一天差十三度，一月为一周天。其经星分为六等。第一等最大，径三百五十六里，其余依次递减，至第六等最小，径二百六十里。日径一千七百五十里；月径六百里。其余五星只土星、木星最大，径三百四十里；太白星径一百一十四里；辰星（北极星）径六十里。

2. 日月五行

每重天各相距九万里。每重天中间间隔一重气，而日轮与经星间，相距则是各重天相距的两倍。所说的差，是说宗动天自东向西，诸重天自西向东，与宗动天相差。就是所说的天道左旋，日月五星右旋。一度，就是在下望天上一尺那样长。这九重天相互包容，日月星辰都固定其中，随天转动。天体透明无色，因此能透光，像水晶玻璃一样。而内外有如一体，星星则仿佛是石头，滑润有光泽。因此在下面看，能穿透九重，愈远愈明。

月轮天之下，为火际。火际之下，为冷际。冷际之下为温际。人和万物都生长在温际气中。月有晦、朔、弦、望四种形态。日月有蚀，因为日好比火，月好比水。月和星都不发光，而是借日照之光而发光。月在第九重天，离人最近。日居第六重天，离人远而在外。因此，晦、朔就是日照月的上面，而下面无光；弦，就是月向东行，与日渐渐远离，日从旁边（侧面）照射，显现出一线光亮；望就是日月相对，日光照射月球，月球全被照亮。

所说的相对，就是日行黄道，月春行二青，夏行二赤，秋行二白，冬行二黑八道，这八道都斜出黄道内外，如果相对不十分周正，则从侧面借日光而发亮；如果日月各当九道之交，相对很正，而地球居中，日光被地球遮掩就发生月蚀；如果在晦、朔的时候，日月运行，恰逢九道相交，日光就被月所遮掩而发生日蚀。

相交处离日近的地方叫天首，就是蚀神[1]，所以日像火一样，称为火之余，其相对的叫地尾，就是计都，因为常为地影遮

[1]旧时是相家所谓十一曜之一。与日月五星气孛运行相反，常与日月五星相掩袭，因而称为蚀神。

蔽，所以称土之余；彗星生于月。月运行快慢不同，最慢处为孛。月属水，因此孛为水之余；气生于闰，二十八年十闰，而气行一周天。闰为岁之余，因此气为木之余。

3. 雨雪湖海

这四余无形但各有法度，与七政合称为十一曜。其中瑞星、妖星，是治乱灾祥之气，汇积的表现，以地为本而呼应在天。或一方冤淫之气上升，积而为彗孛，象征刀兵杀掠之惨，这些都生于月轮天之下。流星是五行之散精；陨星，是日月五行的厉气，汇积而显现在月轮天下，不是真正的星辰。

风雨，就是海水受到日照，湿热的气体上升，到冷际，受到拦阻无法上升，结成为云，被内地湿热气体引导，随风带入内地而成为雨；如果日光照射海山，地面干燥之气上升，至冷际，无法上升，就横飞而成为风；所以风带来雨，而雨则随风而至。如果本地干燥之气上升而成为风，本地湿气上升而为云，都不能形成雨，即使形成雨也很小。

霞是日光照射云而形成的；虹霓是雨气折射日光形成的；雷是阴阳两气在搏击，猛烈的就是霹雳，遇到的物体没有不受到破坏的；电是阳之精气与雨之阴气格斗发光，厉害的就是霆。

露是土中液体从地里上升，而天上之气下降，两者相遇，凝而为露；霜则是露凝结而成，雾则是湿土之气生成的。雪霰，本是雨，遇到冷气，在云中凝结的就是雪；在空中凝结的是霰。因此，霰形状像雨点，而且在下雪前出现。高山雪厚，是因为高山招风，雪体轻，因此随风飘至；如果天上掉下各种异物，大抵都是不祥之兆，这都是这个地方灾戾之气，积而成形。妖龙野鬼，也能做这种事。

江河之水，滔滔不绝，而且多发源于高山，是因为地上面为高山，地下为深穴，向西而开的洞穴，因为天的运转，将水鼓入穴中，能进而不能出，于是就从泥沙中上涌，而形成江河。温泉是地下水恰好位于黄道，被日之热气加热而形成。

地震，也是因为地下很多岩穴，日行海底，热气熏蒸，穴中热气，愈积愈多，逐渐上升到地面，却无法散开，因此会突破围困而出，以致震动或陷裂，有的有声音，有的有火焰。因此，地厚而又没有江湖池井以泄气的地方，地震就多。地薄而有很多能够泄气的江湖池井的地方，地震就少。

气候有寒有暑，因为中国地理位置偏北，因此日运行至北方就温暖，日运行至南方就寒冷。

海水有潮有汐，因为日行海底，所过之处热气极盛，而与月升之后的冷气相激，怒起而生潮。潮过之后，与日月相对处，积有一股冷热之气，也与日月相同，所以再值再潮而为汐。潮汐有大有小，是因为日月运行远近不同，近则潮大，远则潮小。到晦朔时，月虽无光，但月之体魄和冷气还在，因此仍然引发潮汐。

海水是咸的也是由于太阳炎热，干湿二气重蒸所致。所以夏季的海水比冬季的咸，海面比海底咸，浸入地中的，因为有土渗入而淡。

4. 天高地远

地大直径九万里，厚两万八千六百三十六里，离月轮天，周围隔海四万五千里余。地面是土，土下是沙石，沙石下是浮岩，浮岩下是海，海之下仍是天。它能不和天一起运动，是因为地之四旁底下都是海，像被浮起的船。

地之东是潮海，水随天升，船上去就被颠覆；地之西为溜海，水随天入，船上去就会陷下去。地之北为冰海，海水常年结冰，船行受到阻碍；地之南为热海，海水像热油，船上去就被焚毁。这是终古而不可靠近的。天东升而西没，因此海水自西北而向东南流动。

地舆，居中近北之地叫亚细亚洲。有百余国，大者推中国，又有小岛各自为国数百。亚细亚洲之西而略北，叫欧罗巴洲，就是所谓的西洋。大国有七十余，小岛不下数百；亚细亚洲之西南，欧罗巴洲之南，叫阿非利加洲，大小共百余国，小岛数百。亚细亚洲之东偏北，叫亚美利加洲，地分南北，中间有地峡相连，峡南叫南亚美利加洲，峡北叫北亚美利加洲。土地极广阔，平分天下而有其半，小岛千余。四洲之内，奇奇怪怪之事，数不胜数。亚细亚洲之南，叫墨瓦蜡泥加（澳大利亚）洲。此洲人很少到，不知其山川、国土、人物、风景如何。这是天地形体的大略情况。

天地之数，止于一元。一元共十二万九千六百年。元统帅子、丑、寅、卯、辰、巳、午、未、申、酉、戌、亥十二会。每会一万八千年[1]。会统帅三十运，每运三百六十年。运统帅十二世，每世三十年。

此前的天地，也是万国九州，花花世界。无奈运行到申会，昼夜失去次序，寒暑颠倒，五谷不生，人类日益稀少。到了酉会，无君无长，也不知有文字。至戌会之初，千里之内才得见人烟，没有五谷，人只能吃土，也很少有衣服，男女相遇就交合，交毕即分开，有所生育，只知母而不知有父。道路不通，以后渐渐无人亦无物。到了亥会，昏昏暗暗，山川日月归于乌有，天地混蒙。到了子会，逐渐开明，生出日月。再到丑会，又生出水土沙石，渐渐凝结而形成地。到寅会，在大荒山腰，受天地灵秀，蕴日月之光华，遂孕有灵通之性，内育人胎。

5. 开天辟地

十月十六日寅时，豁刺刺一声巨响，山腰崩裂，生出一个人来。他就是盘古。盘古学爬学走，餐风饮露，食草饮水，渐渐长成。龙首人身，身长百尺，头角狰狞，神眉怒目，獠牙露齿，遍体皆毛。他爬上山顶，用手摸天，感觉到天之体跃跃欲动。走到地上，用足仔细踹踹地面，感觉地之体凝凝而欲静。

天渐渐高起来，地渐渐低下去，将要分开，仔细一看，见昆仑山顶和月轮天相连，坚不可破。天性想动而不能动，地性想静

[1]疑误，应为一万零八百年。——译注

而不能静，天地相连，两不相得，人物难以生存。

盘古心中想道："一定要有一件东西，将连接处砍开，自然天清地宁，万物各得其所。"东寻西找，事有凑巧，一天行至西方，找到先天金石之精，一斧一凿。盘古估量其重千斤，于是右手持斧，左手执凿，用斧劈，用凿开，用功多时，忽然一天将天地分开，有如天崩地裂，大响一声，天地两分，轻清者为天，渐升高而运转；重浊者为地，渐低下沉而凝静。

天地遂分为二，在上名为天，在下名为地，混沌初开。此后，阴阳交媾，生人生物，继之者叫天皇氏。

二、三皇教化生民

（约前40世纪——约前26世纪初）

1. 天皇创干支

盘古开天辟地以后，阴阳二气交媾融合，渐渐产生了人类。那时候的人，不是出自娘胎，而是有的从天上掉下来，有的从地下冒出来，三个一群，五个一伙，都长成人的形状。这些人全是高大丑陋的汉子，分散居住，以饮水吃草为生，没有知识，也没有君王长者。

在属于木德[1]时期的寅年，金、木、水、火互相冲击，生成祥瑞之气，在昆仑山的山腰上，瑞气凝结，化为灵胎；由这灵胎里生出十三个人来，为首的一人就是天皇氏。

天皇氏遍体茸毛，面色青黑，全身赤裸，长发披肩，身高三丈六尺。

天皇氏崇尚木德，清静淡泊，无为而治。他创造了天干和地支，天干就是甲、乙、丙、丁、戊、己、庚、辛、壬、癸。这是后来的叫法，那时甲还不叫甲，叫作阏逢（yān péng）；乙也不叫乙，叫作旃（zhān）蒙；丙叫作柔兆；丁叫作强圉（yǔ）；戊叫作著雍；己叫作屠维；庚叫作上章；辛叫作重光；壬叫作玄默；癸叫作昭阳。地支就是子、丑、寅、卯、辰、巳、午、未、申、酉、戌、亥。

那时子还不叫子，叫作困敦；丑叫作赤奋若；寅叫作摄提格；卯叫作阏单；辰叫作执徐；巳叫作大荒落；午叫作敦；未叫作协洽；申叫作涒滩；酉叫作作噩；戌叫作阉茂；亥叫作大渊献。

天干和地支轮流配合，周而复始，轮转一周，是六十个甲子，用以确定每一年的位置。从此以后，五运始兴，大化始立。

---

[1]木德：五德之一。古人以水、火、木、金、土五种物质属性的相生相克和周而复始的循环变化，来比附历史上的王朝兴衰，称为“五德终始”。

天皇氏兄弟十三人共同治理天下一万八千年，继承他们的是地皇氏。

2. 地皇定月年

地皇氏崇尚火德，出生于熊耳山和龙门山中。当时两座山中，忽然放出红光，高达数丈，从光中升起五色祥云，将两山笼罩，随后从山中涌出十一个人来。其中以地皇氏最为聪明特异，他身高三丈三尺，臂粗数围，全身长毛，面黑如墨，目光如火，站立在众人中间，开始统治四面八方。

过去天皇氏虽然创立了干支，但只用来纪年，人们还是昼夜不分，日月不辨，不知道太阳的升降和月亮的朔望盈亏。地皇氏于是确定白天照耀大地的星星为太阳，夜间最亮的星星为月亮。从没有月光的那一夜开始，到出现一线月光，经过月亮最圆的时候，再回到只剩一线月光，直至月光完全消失，这一月亮从亏到盈再到亏的过程，历时二十九天或三十天，被定为一个月。其余那些三三两两，散布在天上的称为星。

星与星之间的空处称为辰。日月星并称三辰。三辰确定以后，以十一月为冬至，总共三百六十五天，十二个月为一年。如此周而复始，从此龙兴鸾集，万民安乐，文明发展。地皇氏与十个兄弟共同治理天下一万八千年。继承他们的是人皇氏。

3. 人皇分男女

人皇氏崇尚土德。在地皇氏末年，忽然地气冲天，天地交相感应，在刑马山之提地谷，诞生了九个男孩，九人以人皇氏为首，他生得面皮白净，目若明星，身高三丈。人皇氏考察山川，将天下划分为九个区域，自己治理一区，让八个兄弟各治一区，因此又号称居方氏。

这时风气逐渐开化，年月季节都已明确，万物茁壮生长，到处是山林鸟兽。人们居住在一起，又没有衣服，雌雄两性对视之下，都感到很奇怪，雄性看雌性，不知道对方那个地方为什么凹下去；雌性看雄性，不明白对方那个地方为什么凸起来。

有一天，某个雄性的阳物挺然而立，便对凹下去的一方说："我有余而你不足，让我们试试以有余补不足怎么样？"遂向凹处插入，这下双方都感到妙不可言，其乐无穷，众人见状，纷纷效法。于是分凹者为女，凸者为男，男女从此得以区分。而且自插入之后，不但感到舒服，凹者的肚子渐渐大起来，十个月以后，有的生男，有的生女，从此有了生育。有了生儿育女，就有了父子君臣。

这个时期，君王都是有道明君，臣子都是贤良之士，典章逐渐完善，政教由此兴起；礼义逐渐齐备，君尊臣卑由此确立；饥餐渴饮，人民的食物逐渐丰富；男女交媾，百姓的婚姻逐渐出现。人皇氏兄弟九人，共同治理天下一万五千六百年。有人说四万五千六百年，是错误的。

4. 制衣筑穴

人皇氏之后，有五龙氏继承。五龙氏兄弟五人，老大叫皇伯，老二叫皇仲，老三叫皇叔，老四叫皇季，老五叫皇少。五人共理天下，各治一方。乘坐五条飞龙，往来巡视，推行无为而治的方针。今天的上郡肤施有一座五龙山，就是五龙氏产生的地方。

继五龙氏之后治理天下的是巨灵氏。巨灵氏出生在汾睢，与元气共生，气魄恢宏，执掌大权，役使五丁力士，驱策阴阳，变易山川，居无定处，曾在蜀中追踪野兽的足迹。

继巨灵氏之后治理天下的有句疆氏、谯明氏、涿光氏、钩陈氏、黄神氏、犯神氏、犁灵氏、大骢氏、鬼隗氏、弇兹氏、泰逢氏、冉相氏、益盈氏、大敦氏、灵阳氏、巫常氏、泰壹氏。

泰壹氏是一位若隐若现而又长生不老的神灵。后来黄帝和老子学会了泰壹氏的仙术，泰壹之书也流传到后世。其后又有空桑氏和神民氏，他们使人和神各异其业而精与气又能互相沟通。猗帝氏、次民氏、辰放氏继立。

远古时候的人，用树皮草叶遮羞蔽体，辰放氏教给人民用木头把兽皮捣软，穿在身上以抵御风寒，人民无不遵从，因此号称衣（音yì，穿的意思）皮之民，他的王位传袭了四代。其后为蜀山氏、骢乕氏、浑沌氏，他们虽握有生杀予夺之权，但仁慈宽恕，乐善好施，天下百姓既畏服他们的权威，又感念他们的恩德。

当时阴阳平和，万物无争，一派祥和景象，甚至鸟巢可以任人探视，野兽可以任人牵走，不会引起惊恐和反抗。他们的王位传袭了十一代。

其后为东户氏，在他当政的时候，飞禽走兽成群结队，森林草木繁密茂盛，百姓安居乐业，风俗淳朴，路不拾遗。他的王位传袭了十七代。其后继立者为皇覃氏、启统氏、吉夷氏、几蘧氏、稀韦氏、有巢氏。

远古时候的人，居住在旷野的天然洞穴里，与草木禽兽为伴，甚至与禽兽同食共眠而相安无事。到这个时候，人的狡黠机灵日渐增多，开始欺凌禽兽，于是禽兽也开始与人为敌。而人的牙齿手爪不如禽兽的锋利，不是禽兽的对手，有巢氏就教会人们在树上构筑巢穴，住在里面以躲避野兽。

那时的人还不懂得种庄稼，吃的是草木的果实；不懂得用火，渴了就喝禽兽的血，饿了就将禽兽的肉连毛吞下，因此叫作茹毛饮血。把禽兽的皮剥下来，披在身上当衣服。

有巢氏的王位传袭了两代以后，被燧人氏取代。

5. 钻火结绳

燧人氏手下有四位贤臣：一位叫明山，一位叫必育，一位叫成博，一位叫陨丘。这四位贤臣共同辅佐燧人氏治理天下。

那时的人不懂得用火，不知道吃熟食。燧人氏仰观天文，俯察地理，探索星宿运行的规律和五行生克的道理，发现空中有火，附着在木头上就会燃烧。

有一天，燧人氏到南边巡视，看见一只鸟正在啄大树的枝杈，啄着啄着，有磷磷的火光闪现，燧人氏立刻省悟。于是用锋利的石块在木头上钻孔，从而得到火种。他又教会人们烹饪，把

伏羲像

食物放在烧热的石头上，烤熟了再吃，不要吃又腥又臊的生肉，百姓大获其利。那时还没有文字，燧人氏创立了结绳记事的制度：发生了大事，就在绳子上打个大结，小事就打个小结。

燧人氏还修建了宣讲教化的高台，建立了在中午交易的市场，修筑了供贸易之用的道路，于是政通人和，民情大顺。因此，燧人氏又被称为燧皇。他的王位传袭了八世，继他之后治理天下的是庸成氏，再后伏羲氏就诞生了。

三、五帝修礼明典

（约前26世纪初——约前22世纪末到约前21世纪初）

1. 伏羲定婚嫁

太昊伏羲氏是成纪人。他的母亲名叫华胥氏，住在华胥江中的小洲上。有一天，华胥氏到山中游玩，发现一个巨人的脚印，她很好奇，就把脚踩上去，感到心中怦然一动，突然出现一道红光，把她全身都笼罩起来，华胥氏从此就怀上了身孕。怀孕十六个月后，在成纪生下了伏羲氏。

伏羲氏身高一丈六尺，蛇头人身，有圣人之德，受到民众敬爱，被推立为君。伏羲氏崇尚木德，以风为姓，定都宛丘。伏羲氏为帝，上应天意，下孚人望。共工、柏皇、朱襄、昊英等文臣武将，各具贤才，辅佐伏羲氏治理国家，于是天下大治。

伏羲氏教百姓制作鱼网，捕鱼捉虾；又教百姓饲养马、牛、羊、鸡、犬、猪等六畜，以丰富食品，并用作祭祀神灵的供品。

远古时候的人，睡觉的时候横躺竖卧，起来以后乱喊乱叫，饿了就到处找吃的，吃饱了又把食物随手乱扔，与禽兽没什么两样，知道母亲不知道父亲，知道做爱不知道礼节。

伏羲氏开始制定嫁女娶妇的规矩，凡是打算娶别人女儿的，要先甄别姓氏，同姓不得婚配，然后请媒人说合，定下来以后，用俪皮作为聘礼。俪皮就是两只野兽的皮，古时候用兽皮作衣服，因此用两张兽皮象征配偶。从此百姓才知道父子关系，男女有别，不再互相轻慢。

2. 河图演八卦

这时伏羲氏的统治达到极盛，文明即将产生，从黄河孟津渡口浮起一个由天地之间的精华凝练而成的怪物来。这个怪物龙头马身，遍体龙鳞，模样像骆驼，却长着两只翅膀，身高八尺五寸，在河面上踏水而行，如履平地。背上驮着一张由圆点组成的图案。图上的圆点按后十六、前二十七、左三十八、右四十九、中间五十排列。百姓看得分明，飞报入朝。

伏羲氏接到报告，立即下令起驾到河边观看，果然见到怪物正在踏水而行，并不沉没。伏羲氏乃叹道："这就是文明的开始啊！"命令左右抬来一张石案，率领群臣焚香礼拜，然后将怪物背上的图点，用炭依样画在石案上，再画在竹板上。伏羲氏根据这一图案加以推演，画成乾、坤、艮、巽、震、离、坎、兑八卦，每卦由三个三爻组成，爻卦互相配合，两卦（六爻）相重可得六十四卦、三百八十四爻。

他用八卦教导民众决定嫌疑，排除犹豫，使民众不受吉凶悔吝的迷惑，能够认识事物的真相，使人事各得其宜。天地之间秘藏已久的玄机，至此全部泄露到人间。伏羲氏仰观天文，俯察地理，取法人身及万物之形，初步创立了文字，以取代结绳记事的老办法。

这时文字尚处于草创阶段，不够精密，直到仓颉确立六书的原则，文字才大为完备。

因为出现了河图，驼图之物龙首龙鳞，所以用龙来纪官，各种官职都用龙来命名，如飞龙、潜龙、居龙、降龙之类。

伏羲氏还制定了历法，这种历法叫甲历，以甲寅为起始，干支互相配合，形成十二辰和六甲，于是天道就完备了。年、月、日不再混乱，东、西、南、北也不会搞错了。这是历法的起源。

伏羲氏又用桐木制作了琴，用绳丝作琴弦。这种琴有二十七根弦，名叫离徽。用桑木制作了瑟，有三十六根弦。琴和瑟可以传达神明的赐予，象征天人之间的和谐，可以使人修身养性，返璞归真。音乐从此发展起来。

伏羲氏在位一百一十五年而死，享年一百九十七岁，死后埋葬在陈。

3. 娲皇补天

戊辰元年，伏羲氏的妹妹女娲氏继立为帝。女娲氏与伏羲氏系一母所生，她生下来就神奇灵异，与众不同：身高一丈，容貌秀丽，长得唇红齿白，面如傅粉，光彩照人。帮助兄长制定婚姻媒妁嫁娶的礼法，让百姓遵守，因此被视为神媒，受到伏羲氏的爱惜和尊敬。

伏羲氏死后，大臣们公推女蜗氏为主，号称女皇。女娲氏以云为姓，定都中皇山。当时镇守冀方的诸侯共工氏，名叫康回，他生得面如黑漆，头发红似朱砂，身长二丈六尺，遍体长毛。

共工氏野心勃勃，自以为是，割据一方，扰乱无常。他自以为命属水德，当立为王，乃以水德纪官。共工氏神通广大，善使妖法，能呼风唤雨，驾云而行，涌水助战。他铲平高地，堵塞低处，壅塞河流，发动洪水，为害天下，大兴兵马作乱。

女娲氏命令祝融氏率兵征讨。两军相遇，共工氏念动真言，洪水铺天盖地而来，祝融氏聚积炉灰阻止洪水，共工氏大败，乃驾云向北方逃窜。但是谁也没有想到，当初盘古开天地时，将昆仑山凿破，有一半山体附在月轮天（第九重天）上，名叫不周山，又叫天柱，那时位于天的中央，后来日月运行，时间一长，渐渐移至北方，而且由于分量太重，已行将崩坏。

这时共工氏驾云逃到北方，见天柱下垂，挡住了他的去路，不由得心中大怒，大吼一声，一头撞向不周山，将天柱撞折，断成两截的天柱倒塌下来，不但将共工氏压得粉碎，而且将地面压得倾斜下去，海水迅速涌上陆地，地于是缺了一个大角。

祝融氏凯旋还朝，把这件事报告给女皇，女皇一时之间也没有良策处理。这时又有一群北方百姓前来求见，女皇询问原委，百姓奏道："自从祝将军征伐康回以后，那里变得昼夜不分，整日漆黑一片，阴风凛冽，简直不像人间。我们靠火引路才找到这里，望皇上赶快设法解决。"

女皇听了奏报，立即率群臣起驾，命百姓引路，前往不周山视察。到了那里，只见天昏地暗，寒气逼人。举起火把照明，发现西北方一带的天有七八处缺口。因天气大量泄露，所以冷风吹到地面，遮蔽了日月的光芒。

女皇沉思良久，终于想出一个办法，命令群臣到五方寻找五色云母石，又命令用五色矾石炼成石膏，把云母粘成大块备用。女娲氏本来就是女仙，善于腾云驾雾，待群臣将一切准备妥当之后，即念动咒语，脚下升起一朵五彩祥云，将石头载上天空，凡是有缺口的地方，就用所载膏石修补好。

经过一番修补，天体照旧完好如初。女娲氏回到地面，又将先前崩坏的不周山凿开，分成四段，每段都凿成鳌足的形状，然后大显神通，将鳌足运入海底，把倾斜的地面撑起，于是大地也完好如初。但天地原来同水晶玻璃一样，透明反光，因此日月照耀，才能发出光芒，石头则不能反光，因而用石头修补的地方，仍然混浊无光。

女娲氏深以为患，恰好那时钟山有一位神灵，生得人面蛇身，遍体赤红，身长千里，目有神光，眼睛睁开时如同日月一般，可以照亮大地，而且它呼出的气很温暖，就像夏天的风一样。女娲氏于是运起法力，制服钟山之神，命它常住钟山之上，抬着头以照耀北海诸国。它睁眼的时候是白天，闭眼的时候是黑夜；吐气的时候是夏天，吸气的时候是冬天；让它随着时令吐出风雨，百姓得以安居乐业。

女娲氏统治天下达一百三十年，在她之后继立为帝的有柏皇氏、中央氏、大庭氏和栗陆氏。

4. 房屋伊始

栗陆氏刚愎自用，人民开始背叛他。大臣东里子因进谏而被杀，天下更加离心。栗陆氏亡后，浑沌氏、骊连氏、赫胥氏、尊卢氏、昊英氏和有巢氏相继称帝。先前的那个有巢氏教人民在树上架木为巢，年代一久，木头朽断，人就被摔下来。

这个有巢氏教人民用槿和藿编织成茅屋以供居住，这就是房屋的起源，因此他也被称为有巢氏。继有巢氏之后统治天下的是朱襄氏和葛天氏。那时天下大治，君王威信很高，百姓风俗淳朴，国家兴旺发达。

葛天氏之后是阴康氏，这时河流壅塞，阴气凝结，人们气血不畅，郁积于内，许多人患了脚肿的怪病。阴康氏乃发明舞蹈，教百姓跳舞以活动关节，疏通血脉。他的治所在华原。葛天氏之后有无怀氏，他的臣民吃得好，住得好，迷恋各自的家园，谁也不愿出门，百姓们虽能听到邻居的鸡鸣狗吠之声，但直到老死也不相往来。

后来神农氏兴起，历代帝王的姓氏世系，就可以明确地考证出来了。

神农像

5. 五谷与医药

炎帝神农氏，名叫石年，是少典国君主的儿子。当初，少典国王娶了有蛴氏的女儿安登为妻，生了两个儿子，石年是长子。安登与神龙感应而生下炎帝，因此炎帝的身形体态很像龙。炎帝出生在烈山的一个石室里，身高八尺七寸，崇尚火德，故称炎帝。起初定都于陈，后来迁至曲阜。

癸未元年，神农氏开始种植五谷。过去百姓以草木的果实和禽兽的肉为食，神农氏想到禽兽有限而人民众多，一旦禽兽吃光了，百姓将无以为生。但草木一年可以生长一次，循环往复，无穷无尽，而草木中最能养活人的，就是五谷。于是考察气候和土壤的情况，用木头和陶器制成耜、耒、镈、耨等各种农具，教导百姓种植五谷，农业开始兴起。又教百姓用麻织布，从此有了衣服。

那时人们患了病，不知道吃药，因而病死的人很多。神农氏遍尝百草，研究它们的特性以及如何搭配起来使用，在这个过程中曾经一天之内遇到七十种有毒的药物，神农氏凭借神力化解了毒性，经过反复研究，开出药方，为百姓治病。

神农氏在国都开设商店，建立市场，招徕天下百姓，聚集四方货物，使百姓互通有无，各得其所，而不必互相争夺。神农氏创立蜡祭的典礼，让人用赭鞭鞭打草木，演奏扶犁之乐，唱起丰收的歌曲。

神农氏享有火德的祥瑞，故用火来命名官职，如大火、鹑火、西火、北火等等。诸侯夙沙氏反叛，煮海制盐，不服从炎帝的命令，他的大臣箕文进谏，也被杀害。炎帝没有发兵征讨，而是反躬自省，勤修德政，夙沙氏的臣民感念炎帝的恩德，自动杀了夙沙氏前来归顺。于是南至交趾，北到幽都，东至旸谷，西至三危，普天之下，莫不向化。

炎帝到南方巡视时，死在长沙的茶乡。在位一百四十年，享年一百六十八岁。

6. 涿鹿大战

神农氏娶莽水氏之女听诙为妻，生下临魁，在位八十年。临魁生子名承，在位六十年。承生子名明，在位四十九年。明生子名宜，在位四十五年。宜生子名来，在位四十八年。来生子名里，在位四十三年。里生子节茎，节茎生子克和戏，节茎、克和戏都没有作皇帝。这时帝位传到克的儿子榆罔手里。榆罔定都空桑，他为政残暴，法多害民，以致群臣心怀不满，诸侯皆有二心。

大臣蚩尤，姓姜氏，生性好兵喜战。造大弩和刀戟，企图兼并诸侯。榆罔无力制止，命令退居少颖。蚩尤越发狂暴，出师洋水，登临九淖，进攻未及离开空桑的榆罔。榆罔不敌，退至涿鹿。轩辕氏乃调集各路诸侯的军队，与蚩尤在涿鹿之野交战。蚩尤制造大雾，一时天昏地暗，诸侯之兵分不清东南西北，无法取胜。轩辕用指南车为军队指示方向，于是在中冀生擒蚩尤，并把他杀死。因而把这个地方命名为绝辔之野。炎帝榆罔仍然不改前非，轩辕修明政治，整顿军旅，然后与炎帝战于阪泉之野，经三

黄帝像

度交战，终于打败了炎帝。榆罔在位凡五十五年。诸侯一致推举轩辕取代神农氏为天子，他就是黄帝有熊氏。

7. 历法与文字

当初，神农氏的母亲生下两个儿子，长子是神农氏，次子则继承了少典氏的王位，他的子孙世代作诸侯。到炎帝榆罔当政的时候，少典国君的王妃名叫附宝，她看到巨大的闪电绕过北斗星，于是受到感应而怀孕，二十四个月以后生下黄帝，因生于轩辕之丘，故名轩辕。

轩辕姓公孙，生长在姬水，因而又姓姬，他生下来就神奇灵异，襁褓中就会说话，幼小伶俐，长大勤勉，成年后聪明通达。在有熊之地建国，故又号有熊氏。崇尚土德，故号称黄帝，定都涿鹿。

黄帝发明了阵法：里面的用刀锯，外面的用甲兵。设立指挥军队的旗帜，天下有不顺从的便去征伐。披荆斩棘，开山通道，没有过过安适的日子，虽然定都涿鹿，但迁徙往来，没有固定的住所，每到一处，用军队环绕为营以自卫，常有祥云之瑞，因而用云来命名官职，如青云、缙云、白云、黑云、黄云等等。

有一天，黄帝忽然梦见大风把天下的尘垢都吹走了，又梦见有人拿着千钧之弩，驱赶着成千上万的羊群。睡醒以后叹道："风是号令执政的人，垢字去掉土是后，天下难道有姓风名后的人吗？千钧之弩，有异乎寻常的力量；驱羊万群，是善于牧民的人，天下难道有姓力名牧的人吗？"于是按照这两种设想去寻找，果然在海角找到了风后，拜他作宰相；在大湖找到力牧，用他作大将。此外又获六相辅佐而天下大治。

风后明于天道，因此作当时；太山善察地势，因此作禀者；奢龙辨别东方，因此作土师；祝融辨别南方，因此作司徒；大封辨别西方，因此作司马；后土辨别北方，因此作司李。

黄帝有一天又梦见两条龙把一幅图交给自己，醒来后便沐浴斋戒，前往黄河寻找，到了河边，见到一条大鱼背负图文游来，乃拜而受之，得到五种要诀。于是建立灵台，设置五官以掌管五件大事：命羲和卜问太阳，常仪卜问月亮，鬼臾苉卜问星星，车区卜问风；大挠探察五行的情况。用甲子、干支相配合，确定了纳音[1]。

命容成作盖天[2]之说以解释天地，卜问日月星辰，确定气运之数。

制定神历，将一年中多余的时间积累成闰月，于是历法与天体的实际运行就相吻合了。

---

[1]纳音：古乐有十二律（黄钟、太簇、姑洗、蕤宾、夷则、无射、大吕、夹钟、仲吕、林钟、南吕、应钟）、五音（宫、商、角、徽、羽），合为六十音。以六十甲子相配合，按金、火、木、水、土五行之序旋相为宫，称为纳音。

[2]盖天：我国古代一种天体学说。谓天像无柄之伞，地像无盖之盘。

黄帝命仓颉制造文字。仓颉长了四只眼睛，生来就有非凡的品德。当时在洛水的转弯处，有神龟出现，背负丹甲青文，仓颉拜受。于是穷究天地的变化，仰观奎星[1]圆曲的形势，俯察龟文鸟羽山川的形状，用手指在掌心摹画，从而创立了文字。

8. 工具由来

文字诞生后，苍天为之降下雨粟，鬼神夜间为之哭泣。

当初，自伏羲氏画八卦以来，产生了一些简略的文字。至此按照六义的原则造字:一曰象形，二曰指事，三曰谐声，四曰会意，五曰转注，六曰假借。天下的文字就完备了！黄帝命隶首作算数，命伶伦造音律，命大客作承云之乐，命名为《咸池》；制作垂旒的皇冠，又作黄色的棉衣，以象征天地的正色。旁观野鸡的羽毛和花卉的颜色，据之染成五色花纹，以区分贵贱，于是衮冕衣裳的制度兴起了。

黄帝命宁封为陶正，赤将为木正。制作杵和臼，使谷粟能够脱壳；制作锅和灶，让百姓能够做粥；制作甑，使百姓能够蒸饭。创烹煮之法，以制造甜酒和奶酪。让人们过河有桥梁，走路有鞋穿，死后有棺椁。黄帝命挥作弓，夷牟造箭，岐伯作鼓吹、铙角、灵鞞、神钲，以弘扬武德。命共鼓化狐剖空树干制成舟船，把木头削成桨，用来渡河。命邑夷仿照北斗的旋转，制成车

[1]奎星：星名，二十八宿之一。

子以供出巡四方。

9. 孝女成蚕

黄帝创立了宫室制度，于是建造合宫（明堂），以祭祀上帝，接引神灵，宣布政教。开始用模子浇铸黄金，制成货币，分为轻重不同的五种，以解决和平衡国家的需求，因人的一生饮食男女，阴阳不调，黄帝向岐伯咨询后写成内经，又命俞跗、岐伯、雷公察明堂，究脉象，巫彭、桐君处方饵，使人可以享尽天年。命元妃西陵氏之女嫘祖教百姓养蚕。

远古之时，未立君长，天下无所统摄，人们聚居的地方即推一人为长。蜀地有一个首领，被邻近部落掠去，过了一年，也未见放还，只有他乘坐的马还在。

女儿想念父亲，竟致茶饭不思。母亲劝慰女儿无效，乃向众人发誓："有谁能把父亲找回来，就把女儿嫁给他。"下面的人虽听得明白，却无一人能把父亲找回家。那匹马听到母亲的话，惊跃而起，挣脱绳索而去。

几天以后，父亲就骑着马回来了。从此马儿嘶鸣不已。父亲询问缘故，母亲将誓言相告。父亲说："向人发誓，不能向马发誓，哪有人配马的？"只是增加了马的草料。马不肯吃，每当见到女儿出入，就怒目相向，奋蹄而击。父亲大怒，将马射死，把皮剥下来挂在庭院里晾晒。女儿从旁边经过，马皮突然疾飞而起，将女儿卷走。十天以后，在大树上发现了马皮，女儿已变成了蚕，吃树叶，吐丝成茧，因而把这棵树称为桑树，桑就是丧的意思。

父母非常悔恨，思念女儿不已。忽然看到蚕女骑着这匹马，踩着流云，在几十名侍卫的护从下，从天而降，对父母说："上帝因我能舍身尽孝，心不忘义，让我作了九宫仙嫔，可以永居天国，长生不老，请你们不要再想念我了。"说罢冲天而去。父母于心不忍，年年取出蚕茧，待其出蛾生子，而收养之。至此有人将此事上报朝廷。

西陵氏听说后把蚕茧取来亲自养育。有一天，偶然将数枚蚕茧放入热水中抽丝，其丝拉之牢不可断。用丝织成绢，比苎麻织成的布柔软娇嫩，披在身上可以御寒避暑。又能染成各种颜色。蚕茧又能煮成绵麻以保暖。

西陵氏教民间女子，各自收养蚕茧，抽丝以织成衣服。后世奉西陵氏为先蚕。

10. 极治之世

黄帝划分天下，得百里之国万区，命工匠营建国都，设左右监，管理万国。又划分田亩，创井田之制，定地界以杜绝争端。从此民众不奸猾虚伪，市场不哄抬物价，人们互相礼让，见利不争。风调雨顺，有草生于庭前，见佞人即指之，名叫屈。凤凰在阁上筑巢，麒麟在苑中游弋，黄帝时代，号称极治之世。

黄帝采集首山之铜，在荆山南面铸造了三座鼎。八月十六日，鼎成，这时有一条生着白胡须的龙从天而降，来迎接黄帝，黄帝乃骑龙升天。群臣及后宫跟从者七十余人。有些小臣不能乘龙而上，就抓住龙须不放，黄帝的弓挂在龙须上，龙须承重不住，被拔了下来，弓也坠落在地，小臣们仰攀不及，乃抱弓号哭。后世就把这个地方叫作鼎湖，弓叫作乌号。群臣把黄帝的衣冠弓剑埋葬在峤山。黄帝在位共一百一十年。

当初，黄帝和仙女西王母互相来往，所有宫室衣冠器用之物，均取法仙域，因此制度无不完备。黄帝有四个妃子：元妃西陵氏，二妃方累氏，三妃彤鱼氏，四妃嫫母。生了十二个儿子，加上庶子共二十五人。

11. 《大渊》与《承云》

少昊金天氏继立为帝。他是黄帝的儿子，姓己名质。其母西陵氏梦见一颗巨大的星星，像彩虹一样拖着华光从天而降，落入华渚之中，不久就生下了他。因崇尚金德，故号称金天氏。因能修太昊的德政，故名为少昊。定都曲阜。当时凤凰鸟恰好飞来，便用鸟来命名官职，作了一首名为《大渊》的乐曲。少昊晚年时，诸侯黎氏等九人作乱，此九人会使妖法，能役使鬼神。天下百姓，害怕他们的神力和怪异，于是家家请巫史跳舞降神，而忽视了对神明的祭祀，导致各种灾祸一齐发生。少昊在位八十四年而死，他的兄长昌意的儿子颛顼高阳氏继立为帝。颛顼姓姬，是黄帝的孙子，昌意的儿子。昌意娶了蜀山氏之女女枢为妻。

有一天，女枢梦见一道白光穿过月亮，于是在若水生下了颛顼。他崇尚水德，当初立国高阳，故号称高阳氏，后迁都帝丘。少昊衰落以后，九黎造反，扰乱德政，人神混杂，简直不可想象。

高阳氏命令南正重管天专注神事，北正黎管地专注民事，天地分离，不相混淆。革除了九黎造成的混乱，使神人不再混杂，万物井然有序，人民安居乐业。制定历法，以建寅之月（正月）为一年之首。作名为《承云》的乐曲，在位七十八年。

少昊死后，他的孙子帝喾高辛氏继承帝位。高辛氏姓姬，名夋，父亲叫蟜极。起初被分封在辛，故号高辛氏。崇尚木德和黑色，定都亳。

高辛氏广施恩泽，利及万物，却从不为自己考虑。闻言而辨，能洞悉远方；见事而察，能烛照幽微。仁厚而威严，慈爱而笃实，修其身而天下景仰。他有四个妃子，元妃是有邰氏的女儿姜嫄，姜嫄与高辛氏升烟以祭上帝，踩中巨人的脚印而怀孕，生下了稷。次妃陈锋氏的女儿庆都，有赤龙的祥瑞，怀孕十四个月生下了尧。有娀氏的女儿简狄，有飞燕的祥瑞而生下契。娵訾氏的女儿常仪，生下挚。

高辛氏在位七十年。他死后，儿子挚接替了皇位。挚荒淫无度，不修善政，在位九年，被诸侯废掉，诸侯们一致尊尧为天子。

12. 诽谤之木

帝尧陶唐氏，是高辛氏的儿子，挚的弟弟。出生于丹陵，在母亲的老家伊侯之国长大，后来迁徙到祁，故称伊祁氏，并以祁为姓。十三岁时，被分封在陶，十五岁时，改封在唐，故又号陶唐氏。十八岁时，取代挚作了皇帝。崇尚火德和白色，定都平阳的安邑。

帝尧的智慧像神一样深不可测，仁德像天一样没有尽头，接近他如太阳般和煦，远望他如云彩般绚丽。虽然显贵富有，生活却十分简朴。命令羲氏、和氏制定历法，以授民时。当时有蓂荚[1]生于庭前，十五天以前，每天长出一片叶子，十五天以后，每天落下一片叶子，观察这种草，就可以知道一个月的进程。

尧出巡四方，来到华地。华的诸侯对尧说："请允许我祝愿圣人，愿圣人多福多寿多男子。"尧说："谢谢。多男子则多恐惧，富则多事，寿则多辱！"诸侯说："天生万民，必须授予他们官职，多男子就多授给他们官职，有什么可怕的呢？富了就让人均分，会出什么事呢？天下有道，就同万物一起昌盛；天下无道，就洁身自好。人活千岁，对世事感到厌倦了，就乘着白云到仙境去，怎么会受羞辱呢？"

尧看到有人奉承他，就设置敢谏之鼓，使天下人能够畅所欲言；建立诽谤之木，使天下人可以批评他的过失。作名叫《大章》的乐曲。尧治理天下五十年后，不知道治理得好不好，百姓是否愿意拥戴自己。问身边的人，身边的人不知；问朝中大臣，大臣不知；问地方官，地方官不知。于是化装来到大街上，听见

[1] 蓂荚（míng jiá）：古代传说中的一种瑞草。

童谣唱：“立我烝[1]民，莫非尔极，不识不知，顺帝之则。”有老人含哺鼓腹，击壤而歌：“日出而作，日入而息，凿井而饮，耕田而食，帝力何有于我哉？”

黄帝的后人瞽瞍（gǔ sǒu即瞎子），娶的妻子名叫握登，有一天，她见到空中一道巨大的彩虹，恍惚之中有所感应，于是怀了孕，在姚墟生下了舜。因此瞽瞍姓妫，舜以姚为姓。

舜的母亲很早就过世了，瞽瞍又娶壬女为妻，生下了象。象为人傲慢无礼。瞽瞍爱后妻的孩子，多次想杀掉舜。舜每次都巧妙地避开了，而又不失作儿子应尽的孝道。

二十岁的时候，舜因孝顺父母而出了名，他在历山耕种，历山的人都让出自己的田地；在雷泽打鱼，雷泽的人都让出自己的住所；在黄河岸边做陶器，黄河沿岸出产的陶器没有粗制滥造的。在寿丘做过各种手艺，在负夏赶集做过生意。舜居住的地方，一年就成了村落，二年便成城邑，三年变成都市。

尧在服泽南岸遇到了舜，问他：“我想让天下人都顺从我，应该怎么办呢？”

舜答道:“专心致志不犯错误，谨慎细心而不懈怠，忠诚可靠不知疲倦，天下人就会自动归顺。”

尧问：“应该事奉什么呢？”

舜答：“事奉天。”

---

[1]烝（zhēng）：众多之意。

尧帝像

问：“应该依靠什么呢？”

答：“依靠地。”

问：“应该致力于什么呢？”

答：“致力于人。”

问：“人的情况怎么样呢？”

答：“有了妻子，对亲人的孝顺就减少了；欲望得到满足，对朋友的信义就变轻了。顺从天道就吉祥，违反天道就凶险，如影随形，如响应声，无不应验。”

起初，帝尧娶了散宜氏的女儿女皇，生下九男二女。长子丹朱不贤，喜欢召集男子，在家中成群结伙地胡闹。另外八个儿子虽然没有大的缺点，却也没什么特殊的优点，都不足以继承帝业，治理天下。尧乃寻找贤人接替自己，群臣推举舜。尧也早已听说舜的贤明，便把两个女儿娥皇、女英嫁给舜。舜勤勉修德，两位妻子都能遵守妇道。尧认为舜是贤者，用各种艰难困苦的事来考验他，舜都能够胜任，于是便让他作宰相。

当时高阳氏有八个好儿子，天下称之为八恺。高辛氏有八个好儿子，天下称之为八元。这十六个家族世世代代都能继续前人的善行。尧未及任用他们，舜任用了他们。帝鸿氏有个不成才的儿子，号称浑沌，即驩兜；少昊氏有个不成才的儿子，号称穷奇，即共工；颛顼氏有个不成才的儿子，号称梼杌，即鲧；缙云氏有个不成才的儿子，号称饕餮（tāo tiè），即三苗。这四个人天下称之为四凶。尧未能除掉他们，舜把他们都放逐到四境最偏远的地方。

13. 水患与鲧

乙卯七十二载，舜代行天子之职。命令鲧的儿子禹治水，自洪荒以来，就是水多地少，洪水漫山遍野，非常厉害。起初，尧让羲仲、羲叔、和仲、和叔分别到四方最边远的地方，观测日影和星宿，以验证四时，因而知道四方海水比陆地低得多，可以向海中泄洪，于是便寻找能够治水的人。四岳推举鲧。尧说："鲧正在败坏自己的家族，不可重用。"四岳极力推荐，尧没有办法，只好让鲧去治水。

鲧接受了命令，便修筑城池抵御洪水，让百姓到城中居住。大水一到，百姓都淹死了。鲧又听说荆州有息壤，所谓息壤，乃是一块巨石，直径六尺八寸，上面有城池山川人物，生得非常奇巧可观，原是天下众水之母。鲧找遍荆州，终于把它从地下挖出来，满以为挖出水的根源，水患就会自行息止。岂知挖出之后，众水来救其母，大雨下个不停，洪水愈发高涨，浩浩荡荡，把群山都淹没了。

鲧治水九年，所到之处，劳而无功，徒然劳民伤财，竟不能平息一处水患，尧和舜了解到鲧凶恶愚蠢，虐害百姓，就命令祝融把他杀死在羽山。

鲧死三年之后，尸体仍不腐烂，用吴刀将其剖开，不想却变成了黄熊，不久又变成黄龙，飞入羽山之渊，并将息壤偷走。他不知道自己的不是，反而怨恨尧、舜把他杀了，于是纠集同党巫支祁、天吴及相柳氏等一起鼓动洪水，使水势越来越大。

各路诸侯纷纷告急，尧和舜日夜忧心忡忡。舜反复思量，觉得鲧既然如此灵异，盗走息壤，助水为患，必须让鲧的后人去治水，那样鲧才会心悦诚服，而息壤可得，水患也可以消除。又看到鲧的儿子禹勤奋俭朴，工作努力，所知所虑，有若神明，便任命禹为司空，委以治水重任。

14. 大禹治水

禹痛心于父亲治水失败而受诛戮，乃苦思焦虑，不辞辛劳，仰天叹息，虔诚祈祷，决心成功。不久就见到天帝。将太上呼召万灵之书授予他，并命令道："凡有鬼怪龙蛇护其巢穴者，可先用火攻，再用兵箭，如还不能克制，可用神力攻之。"于是命其臣狂章、虞余、黄魔、大费、庚辰、童律帮助禹，禹因此能够呼风唤雨，役使神物。

天帝又命应龙辅佐禹。应龙就是有翅膀的龙，它用自己的尾巴画地，不论是岩石还是泥沙，都被剖开，水就可以流过了。

禹按照天帝的指示，奏请以伯益为掌管火的官员，率步兵五百名为前锋，每人都执干柴火把，凡遇山林草木，一律点燃，烧得浓烟蔽日，响声震地，满山通红。所有猛禽怪兽，都被吓得仓皇失措，四散奔逃。

禹又奏请以羿为第二阵，率弓弩手一千人，凡有猛禽恶兽企图逃匿的，一律射杀，以绝祸根。当时有一种叫猰貐的怪兽，状貌像虎，体大如屋，猛不可挡，吃人无数，从树林里跑出来，被羿射瞎双眼，接着被士兵的乱箭射死。又到一处桑树林，内有一株桑木高十九丈，里面藏着一只叫封豨的猛兽，体大如小山，身上的毛像箭一样锋利。遇见人，离得远就把毛像箭一样射出去，射过之后还能收回身上；离得近则不论人畜，尽数吃掉。这时跑出来，也被羿射死。

禹率众治水，陆路乘车，水路坐船，遇沼泽乘橇，过山岭乘辇。南浔国曾向尧奉献五色毛龙，雌雄各一条，尧乃置豢龙之宫以养之，这时赐给禹乘坐，助禹治水。禹率民工五千人，从帝都治起，冀州在北方。

北方水患最大的就是黄河。当时黄河与淮河的水神名叫巫支祁，生得状如青猿，身长五丈有余，鼓水则波涛涌起，触岸则河岸崩塌。还有一个名叫天吴的水神，生得虎身人面，有八个脑袋，八个爪子，八个尾巴，颜色黄里透黑，它就是水伯。它用八张嘴喷水，八只脚踩水，八条尾巴扇水，水浪就会滔天而至。

禹从冀州壶口山开始，治到吕梁山，忽见水中巨浪冲天而起，铺天盖地而来，将治水民工卷走一半。大禹正在山头督促施工，见状大惊，又仿佛看到水中有两个怪物，正在鼓动波浪，禹当即请狂章等天将，上前擒拿妖怪，那巫支祁与天吴二怪，虽然神通广大，但如何敌得过天将？大战良久，抵挡不住，因兖州水大，就逃到兖州去了。

起初，各路水怪因帝都在冀州，怕帝尧从冀州开始治水，因此群聚于冀，企图与帝尧为难。禹将吕梁山与岐山凿开，河水顺流而下，又被龙门山堵塞，此山尽是悬崖峭壁，人力难以施展。禹便请应龙用尾巴穿透山体，使河水悬流直下，像一座大门一

舜帝像

样，令鱼鳖不能逆流而上，这就是龙门。

过了龙门，又有底柱山立于黄河中流，仍将黄河阻住。禹凿开底柱，使河水通过，三川已通，称之为三门。又治理汾水、漆水、湛水、清浊二漳水，把它们都导入黄河，冀州的水患终于治好了。

冀州得到治理后，禹认为兖州在黄河下游，于是又从兖州治起。巫支祁和天吴两个水怪，自以为逃得远，水势又大，已很安全，颇感欢喜。没想到屁股还没有坐热，山林又燃起大火，禽兽仍然或逃匿或被杀，就和冀州的情况一样。

二怪大惊，便纠集各路水怪、龙子龙孙、虾兵鳖将，专等大禹兵马一到，便出其不意，鼓起大浪，差点把大禹给淹死。

大禹急忙请天将擒拿妖怪，二怪与天将大战了七天七夜，结果被打得大败，巫支祁逃回扬州，天吴逃往豫州。禹分九路疏导黄河，以分水势，使之流入大海，黄河终于平静了。又治理济水、水、沮水，使它们都平静下来，兖州的水患便治好了。

兖州治好后，禹来到青州。当时青州有一个风伯，鼓动大风，掀起波浪，大风将百姓的房屋庐舍，尽皆刮倒。大禹恍惚中见一怪物在山头鼓风，乃命羿悄悄地爬到山后，弯弓怒射，怪物应弦而倒，风患便停息了。

禹有一条船破了，不能再载人，便丢弃在石室里。今天山东济南太湖山上石室中有破漆船一只，就是禹丢弃的。禹又治理潍水、淄水，使之平静地流淌。青州大患已除，便到徐州，治理淮水、沂水、济水。

然后到扬州治水。扬州是长江下游水患最大的地方。北方最大的河流是黄河，南方最大的河流就是长江。禹正要整治长江下游，只见百姓们前来禀报：“这里的洞庭山中有条大蛇，身长千尺，无论人畜，碰上它都要被吞吃，您必须小心。”禹闻报，命令伯益、后羿一起率兵戒严。

伯益派人放火烧山，烧至洞庭山，长蛇果然出现，逢人便吞。后羿放箭射瞎了它的双眼，长蛇看不见东西，负痛乱滚，终被射死。巫支祁自兖州败后，逃回扬州，潜居彭蠡。彭蠡就是今天的鄱阳湖。湖水既广且深。巫支祁自以为得计，料定禹王断不会至此，岂知屁股尚未坐暖，就见山头火起，与前日之火一般无二，大惊失色，乃用尽平生之力，鼓起滔天巨浪。

禹见势头不好，立即召狂章、虞余、黄魔、大费、庚辰、童律等八面擒拿，又派应龙下水，协力捕捉，巫支祁打不过，躲入漩涡中藏身，被应龙擒获，献给禹。禹命令斩首，谁知刀斧凿锯都不能伤其身，狂章等察告：“这个怪物也有神通，利于水而不利于火，如果用火烹烧，再用醋煮，就死了。但它的党羽很多，只怕为它报仇，这样水患未必平息，不如用火把针烧红，穿在它的鼻孔上，将它锁在深渊里，那样水患就能永远平息。”

禹乃制造巨大的铁索，把这个怪物锁于龟山下面。今天凤阳府盱眙县东北方三十里处，龟山的西南侧，上有绝壁，下有深渊，即是这个地方。

唐朝永泰年间，李汤用五十头牛，将索牵出，见索的那一头锁着一只青猿，身高五丈多，水浪大作，便又把它拽回水里。明洪武年间，用上千人将它拽出参观。猿大吼一声，江水翻滚。又有共工氏的臣子相柳氏，因共工失败，乃跳入河中，变成水神，它长着九个脑袋，人面蛇身，肤色青黑，能掀起大浪，与巫支祁一同为害。禹派天将治理，相柳氏逃到荆州。

15. 鲧传息壤

彭蠡水患治好后，禹又凿开峡石山以打通淮水河道。在今淮安府赣榆县羽渊中，发现黄龙鼓动波浪，其势甚猛，禹派天将前去治理。天将说："这是伯鲧，不能治，只能祈祷，则水患自会平息。"

禹知道是父亲，不禁流下眼泪，便写成表章向父亲启奏。鲧看到表章非常高兴，就将息壤放在岸上走了。

禹得到息壤，仍将它埋在江陵城南门外。后世如果遇到大旱就把它挖出来，必定会引发大水，把它埋起来，大水就会止息。禹又凿通宛委山，得到一块像太阳一样火红的赤珪，一块像月亮一样明亮的碧珪。又在石匮山埋藏书籍。禹向越东灌水，水势很猛，积沙成岩，这就是海门。山下的岩洞中有佛寺。禹又凿丫溪，引水入海。完工之后，禹将余粮丢弃在丫溪山上，今天变成了禹余粮石。于是把丫溪山改名为余粮石山。

绍兴的工程完成之后，禹来到荆州，准备横渡长江。相柳氏得知禹将渡江，急忙派黄龙颠覆禹乘坐的船。黄龙按照命令驮起小船。小船将覆，船上的人大惊失色。禹抬头向天叹道："我受命于天，竭尽全力以报效百姓。是生之所寄，还是死之所归。”此时看到龙如蝘蜓[1]，颜色不变，急命天将拥护。龙便俯首低尾而去。

相柳氏据于九江之中，遣罔像鼓起九江之水，作起风沙大雾，电闪雷鸣，天地昏暗，白天如同黑夜，道路迷失，面对面不能相见。九江浪大如山，将所有的山头尽行淹没，百姓多被淹死。相柳氏又遣巴蛇，身长三千尺，腰大五十围，不论是人马，还是驼象，一一吞入口中。禹见此情状，大为恼怒，亦知是相柳氏所为，便令羿聚兵先射瞎巴蛇双眼，再用乱剑斩杀。

巴蛇死，积骨成丘，这就是岳州的巴丘山。接着，急遣天将擒捕相柳氏党羽，罔象十分畏惧，急忙遁入海中逃去。相柳氏逃遁到梁山地界，禹才平息了九江之水。后又治沱水、潜水等。

待荆州水害平定之后，禹在岣嵝（音gǒu lǒu）山上立碑以记其治水之事。碑文共七十二字，字如蝌蚪，不可辨认。

16. 天吴沉江

荆州水害平定，禹又到豫州，这是黄河原来经过的地方。天吴自从兖州一直从黄河直上，遁入豫州，潜居河底，并不敢鼓水作浪，自以为禹不一定来到豫州。岂知一日益纵火焚山，后羿打

[1]蝘蜓（yǎn tíng）：即我国南方常见的“铜石龙子”，是一种小爬行动物。

猎杀兽，又与过去光景一样。天吴极为惧怕，但无计可施。

禹率三军掘堑疏河，天吴便作起浪来，三军措手不及，四散奔逃。

见天吴在水面行走，往来如飞，禹急请天将擒治。天将说："此怪不可杀，须得铁门四扇，各长八尺，厚十尺；铁柱十六根，各长一丈，各重八百斤；浇铸而成，用铁索连贯，又用锁一开，沉到水底。令千军呐喊助威，才能将此怪锁在河底。"

禹即令军人如法铸成铁门、铁柱、铁索、铁锁，沉入水中。然后金鼓齐鸣，连同呐喊之声，远达百余里。此时，只见阴云密布，怪风异浪，拍击不绝。不一会儿，云开浪息。禹令停止金鼓，分批疏河，十日即大功告成。

禹便在陕州城外，铸铁牛一头，头在河南，尾在河北，以镇河患。又凿阙塞山，以便引导伊水注入黄河；接着引导洛水。

有神龟负文出于洛水，即为《洛书》，禹叙为《洪范九畴》。而天下之义理，尽在河图、《洛书》之内。禹又疏导瀍水、涧水、荥水、波水，一一注入黄河。

豫州之水治毕，禹便来到梁州，疏导汉水、沱水、潜水，都注入长江。再往北，疏通渭水。相柳氏见禹又来，大惊无措，再次鼓浪争斗。较量一番之后，知不能取胜，竟遁逃雍州昆仑山北、黄河之源躲藏起来。

17. 开阔三峡

禹知不可放纵相柳氏，追到雍州，急遣天将擒捕，终于将相柳氏捉拿斩杀。相柳氏之血腥臭异常，血流之处，即不能种植五谷。

禹便以其地为众帝之台。又从昆仑山南到岷山，遇见一长人，授给禹黑玉珪，上面刻有字，禹接受拜谢，疏凿江河，至白帝城。见其悬崖峭壁，水门狭隘，令军兵用火焚烧，仍不能开阔。

工人说："这里无法开阔。"禹说："岷山周围千里，唯此一条通道，若不使其开阔，让水安流，其祸害比淮河水患还要厉害。"遂令应龙来助。第二天动工，岩崩如雷，上起西陵峡，中到巫峡，下到归峡为止，三峡共七百余里，顷刻疏通。至今西陵峡壁岸，犹有火影不灭。所以人们皆称禹为神禹。

18. 公而忘私

禹疏导弱水西流，再疏导泾水、渭水、漆水、澧水，皆入黄河。雍州原系诸水上流，最后治理。雍州之水治理了，而九州之水也全部治理了。

其初，禹奉命治水时，娶于涂山氏。完婚才四天，就外出治水，三过家门而不入。涂山氏自丈夫离去后，生子名启。当启四岁时，听说丈夫治水要路过家门，便抱着启出门等候。启见其父，呱呱而哭，禹仍前行而不回头。

禹在外十三年，所到之处，皆欢声载道。水患平息，百姓可耕种谷物以为食。禹便按照土地的不同情况制定贡赋，以在岷山长人授的黑玉珪作为礼物，献给帝王，并告以治水功成。帝王十分高兴，心中暗暗佩服禹的功劳。后来禅位于禹，其因正在于此。

19. 后羿射日

当时冀州有一仙狐，原系洪荒时期的妖物，神通广大。因狐狸众多，散居于宇内。伯益放火，后羿射猎，狐狸之辈，死伤过多。老狐狸为之愤愤不平，便心生一计，以为大禹能治水，未必能治火。遂以九只乌鸦精，各衔一块大玻璃，借日之光，映照于地，其光亮与太阳略同，连真正的太阳一起，俨然犹如十日并出。如此一来，遍地如着大火，禾稼干槁，草木焦枯，百姓个个惊惶，甚至还有的百姓被太阳晒死，房屋也有无故自焚自烧的。帝王对此十分忧虑，召集群臣商量灭灾的办法。后羿说："我看天上有九日，随着太阳运行，虽然光焰如火，但不甚高，日边又有飞鸟的形状。待我登高去射，看是否能够射中。"帝王说："若能射中，是百姓之福。你先去试试看吧。"羿便登上三嵕（音zònɡ）山，见九日过来，都有一鸟衔着。后羿看得真切，一箭射去，只见坠下一只乌鸦，口衔一块玻璃，如太阳一样。后羿射中一日，精神倍增，接连射了八箭，八日皆落。后羿试着将真正的太阳射了数箭，丝毫不动。遂走马复命。帝王十分喜悦，当即封后羿于穷，这就是有穷后羿。其子孙袭爵，方有帝相时的祸乱。

后羿既屡立大功，以得封赏，喜气洋洋。朝散回家，见妻子出门迎接，手中拿着一个药丸，闪闪发光，香气喜人。

后羿问：“你手里拿的什么？”妻子回答道：“我拿的是长生不死药丸。”后羿又问：“这可是宝贝，你从哪里得到的？”妻子回答：“自你奉命公干去后，仙人西王母可怜我孤身一人独宿，每天晚上都来相伴。遇月明时，则呼唤侍女捣药。我试探问她捣的是什么药？西王母说：‘捣的是长生不死药。每一百年捣成一丸，吃了后可长生不老’。三天前，恰好捣成一丸，让我收藏。她去蓬莱探望东王公，大约半月后来取此药。我见今晚月明如昼，便拿出来欣赏。”

后羿说：“你为什么不把它吞服了呢？”妻子答道：“西王母来讨取时，我怎么交代？虽说吞服此药可望长生，但西王母怪罪我，把我杀了，岂不是短命！”

后羿说：“既然是长生不死药，吞服之后就会不死，别管那么多。你若不敢吞服，我代你吞服，你觉得怎么样？”后羿见妻子沉吟不语，接着说：“我过去跟随大禹治水，曾去过西王母家，王母答应给我丹药，可能就是这丸长生不死药。我应该吞服。”

妻子见其夫想吞服此药，而且态度坚决，便暗自思忖：“我若自己吞服，有此灵药，也可能不会死；若让丈夫吞服，王母向我索取，我是凡人之身，必死无疑！”主意打定，便自己吞服。顿时，身轻如云，习习欲飞，遂慢慢地奔入月宫之内。

后羿见此情状，急忙抓住妻子的衣裳，随着妻子飞去。妻子为嫦娥，后羿为蟾蜍。这时正是帝尧八十年甲辰八月十五日夜。那时，明眎（音shì）辅佐大禹在东方治水有功，封于卯地，曾与嫦娥相好。明眎的八世孙需，在殷时居住在中山，得神仙之术，能进入月宫窃嫦娥。蟾蜍将此事告到天帝那里，天帝急命擒捕，遂变为兔。这是后话，此处不赘。

20. 舜作《九韶》

却说舜自摄位以来，作璇玑玉衡之浑天仪，以占日月五星之七政；祭天地寒暑日月星辰水旱及山川岳渎之神，以时巡狩四方。

光阴荏苒，不觉已经过了二十八年。帝尧游于阳城，忽然沾染疾病，数日之后便去世了。在位一百年，享年一百一十七岁。百姓痛哭流涕，如丧考妣。三年，舜与天下臣民为帝尧守孝结束，舜把尧子丹朱移居于南河之南。天下臣民不归尧子丹朱而归舜，舜不得已，便于丙戌之年正月上日到文祖庙即天子位，号有虞氏。

有虞氏以土德王天下，崇尚赤色，以蒲坂为都。帝舜明目达聪，以天下视听为视听。

他召集十二州诸侯之长开会，征求意见。最后决定：禹任司空，掌管百官；弃任后稷，播百谷；契任司徒，敷陈仁义礼智信之教；皋陶任士，掌刑法；垂任共工，掌管百工；益任虞，治山泽河流；伯夷任秩宗，掌管祭祀天、地、宗庙的礼仪；夔任典乐，教子民；龙任纳言，掌管帝命上报下达。这就是当时设置的九官。

接着封尧子丹朱于丹渊，以奉侍帝尧，按时祭祀，称为虞宾而不任官。将为国立过功业的长者奉养在大学，将百姓中的长者奉养在小学。行止规范，尊老贵德，恭己无为；弹五弦之琴，歌南风之诗，而天下自治。其歌词为："南风呵，十分芳香，可以解除我的百姓的愁怨；南风呵，正逢其时，可以使五谷丰收，百姓富足。"又作《九韶》之乐，弹奏声起，吸引凤凰来翔。

百工见到景星出，庆云兴，便相互应和唱道："庆云十分灿烂，相互缠绕萦回舒展；日月光华，天天都异常明亮。"

八方诸侯，纷纷进见，个个行跪拜大礼，叩头于地，说道："日月在天，灿然星陈；日月光华，广博而集于一人。"

舜亦说道："明明在天，星辰有行。四时顺经，万姓允诚。于予论乐，配天之灵。迁于圣贤，莫不咸听。鼚（音cháng，鼓声）手鼓之，轩乎舞之。精华以竭，褰（音qiān，拉着）裳去之。"

21. 禹代君王

舜的儿子商均，不如其父贤明。舜便向天推荐禹，让禹代为君王。舜对禹说："天之历数在你身上，你不要推辞。"禹说："推荐继承之人，历来是用占卜，惟吉是从。"舜说："我的主意已定，鬼神都得依从，占卜哪有不吉的。"禹叩头于地，坚辞不受。舜说："你不要如此推辞，你是最合适的人选。"

正月初一日，禹在神宗帝尧之庙受命，像舜即位时那样，率百官处理政务。

早先，帝已将三苗移居于三危。其臣民不服，经常聚众反抗。舜令禹率兵征讨。禹领兵至其地，时过一月，三苗臣民仍然不从。伯益去见禹，说道：“修养道德，能感动天地；心怀赤诚，能感动鬼神。一个小小的三苗，其能如此，是你道德、诚意还不能感动他们的缘故。”禹对伯益表示感谢，并公开地说，伯益的话是对的。便班师而回，修文养德。三苗偶尔来斗，禹分辨好坏善恶，区别对待：善者仍居住故土，恶者迁徙到别的地方。

22. 湘妃竹

禹摄位十七年时，舜南行巡狩，在苍梧之野，忽然染病不起，便召禹及群臣来到苍梧。后来娥皇、女英也一同到来。

舜对群臣说：“这次南巡，突沾风寒，可能一病不起了！我的儿子商均不学好，不能继承帝位。你们可立禹以代帝位。”又对禹说：“过去帝尧以重任付我，我今天以此重任付你，你要善自为之！”又对娥皇、女英说：“先帝对我十分厚爱，将天下付我，又将你二位许配于我。此恩此德，我牢记于心，没有一天不想着报答先帝。我身染疾病，恐怕没有多少报答先帝的时日了。但我继承帝位之后，整日操劳，不敢贪图安乐，今得天下安宁，这都是二位内助之力。谁料想此一病不起，不能与二位长久相随。我死之后，将天下付禹，二位当善自爱惜。”话说完而死。

舜在帝位五十年，享年一百一十岁。娥皇、女英悲痛哭泣，泪流满面。泪洒在竹子上，竹皆成斑痕，就是今天所说的湘妃竹。禹与群臣即行殡礼，将舜葬于九嶷山，众臣随二后还朝。禹将舜子商均移居于阳城。天下之人不归商均而归禹，共请禹还朝即帝位。

中国原始社会年表

距今年代（万年）	地质时代	考古时代	原始人类原始文化	社会组织	婚姻形态	传说时代
170	更新世	旧石器	元谋人及其文化	原始人群	血缘群婚	有巢氏
	（早期）	（早期）				
100—75	（中期）		西侯度文化			
			蓝田人及其文化			
70—20			匼河文化			
			和县人及其文化			
			北京人及其文化			
			观音洞文化			
			金牛山人及其文化			
10	（晚期）	（中期）	大荔人及其文化	母系氏族	族外群婚	
			桐梓人及其文化			
			马坝人			
			许家窑人及其文化			
			丁村人及其文化			
5—3		（晚期）	水洞沟文化			燧人氏
			萨拉乌苏遗址			
			柳江人			
3—1			峙峪人及其文化			伏羲氏

距今年代（万年）	地质时代	考古时代	原始人类原始文化	社会组织	婚姻形态	传说时代
2.4—1	更新世	旧石器	下川文化	母系氏族	族外群婚	伏羲氏
	（晚期）	时代	山顶洞人及其文化			
		（晚期）	左镇人			
			大窑文化			
			呼玛文化遗址			
1—0.8	全新世	中石器	灵井遗址			
		时代	沙苑文化			
			鹅毛口遗址			
			呼伦贝尔细石器		对偶婚	神农氏
			藏北细石器			
0.8—0.4		新石器	裴李岗文化			
		时代	磁山文化			
			万年仙人洞遗址			
			仰韶文化			
			河姆渡文化			
			马家浜文化			
			大汶口文化	父系氏族		
			大溪文化		一夫一妻	

距今年代（万年）	地质时代	考古时代	原始人类原始文化	社会组织	婚姻形态	传说时代
0.6—0.4	全新世	新石器时代 金石并用时代	大坌坑文化 红山文化 屈家岭文化 良渚文化 马家窑文化 黄河中游龙山文化 山东龙山文化 齐家文化	父系氏族	一夫一妻制	神农氏 黄帝 帝尧 帝舜

注：1．表内每一年代范围都包含多种文化。这里只指这些文化存在于这个年代范围之内，不指贯彻这一年代范围的始终。

2．我国疆域辽阔，古代历史的发展极不平衡。本表所指某一新阶段的开始，系指先进文化而言，不是全部文化。

夏

（约前2070—前1600）

1. 九鼎与杜康

夏禹王姓姒氏，字高密，是黄帝的玄孙。黄帝生昌意，昌意生颛顼，颛顼生骆明，骆明生鲧，鲧娶有莘氏之女志为妻，即夏禹之母修己。修己梦见流星穿过昴宿，与之感应而怀孕，十四个月后，即帝尧五十五年六月六日在僰（音bò）道的石纽乡生下了禹。禹十七岁时，即有贤名。舜听到后，便荐举他继承父业，治理水患。禹在外操劳十三年，过家门而不入。历尽千辛万苦，终于治理了水患，水害皆息。

禹为人聪敏勤奋，讲道德，重仁义，其声应钟律，以身为法度。以安邑为都，以五行之金德为王，崇尚黑色，以建寅之月为一年之首，改载为岁。又封尧的儿子丹朱于唐，封舜的儿子商均于虞。南下巡视，大会诸侯于涂山。其时承继唐虞的盛世，俯首称臣而纳贡的万国有余。禹建立贡赋法，作《大夏》之乐，悬挂钟、鼓、磬、铎、鞀，以招徕四方之士。他告谕道：“能教我以

禹帝像

道的击鼓，谕我以义的击钟，有事上告的击铎，向我诉说忧患的击磬，有冤狱词讼的摇鞀。”禹整日忙于处理政务，常常吃一顿饭要中断十数次，洗一次头也要三次拧干头发。

古时候有一位叫杜康的人，善于酿造甜酒，这种酒喝了不会醉。到禹当政时，帝舜的女儿仪狄把她酿造的酒献给禹，禹喝了觉得酒味甜美，慢慢地上了瘾。过了些时候，禹猛然醒悟，若如此下去，必会耽误政事。此后便疏远仪狄，禁绝美酒。并预言：“后世必定会有因嗜酒而亡国的人。”于是，他竭力于朝廷政务，先后任用皋陶、伯益为辅佐。待皋陶死，禹又向上天推荐伯益作他的继任人，上天连下三日金雨。禹还收集天下最好的铜，铸成九座鼎，象征九州。在每座鼎上都记载着某一州的舆图贡赋、山川草木、珍禽异兽，以及神仙鬼怪。九鼎经夏、商、周三代相传，到秦国消灭了周朝，才被迁移到都城咸阳。九鼎中，一座飞入泗水，其余八鼎在项羽焚烧阿房宫时，一同化为灰烬。

一次，禹出外巡视，路遇囚徒，即下车问讯，问着问着便痛哭不已。随从问道：“罪犯不遵守法律，违背君王，治他的罪是应当的。君王为什么要伤心流泪呢？”禹回答说：“尧舜时，天下臣民都以尧舜之心为心，所以不犯王法。现在我为君主，臣民各以其心为心，因此多犯王法。我为此感到痛心悲伤。”又一次，禹巡视江南，召集诸侯会于会稽山，防风氏迟到，禹为维护纪律，果断地杀了他。这位防风氏，是春秋时长狄人的祖先，生得高大勇猛，被杀后仅他的骨节就装满了一大车。

禹在会稽山去世，摄位十七年，在位十年，活了一百又六岁。遗命以伯益为君王。古人以天下为家，因而不将遗体运回都城，就埋葬在会稽山。禹的遗体用苇席和桐木收殓，墓穴深七尺，埋葬得十分严密，上无塌陷，下不潮湿。墓坛高出地面三尺，上有土砌台阶三级，陵园占地一亩。

2. 启德不薄

禹三年之丧结束，伯益便将禹的儿子启移居于箕山。而天下臣民都拥戴启而不拥戴伯益，说启是君王之子。启便即天子位。

又有一传说：禹初行于涂山，有一九尾白狐化为美女，去拜见禹。此美女天生丽质，百媚千娇，资色倾国倾城。由于她是狐狸变成的，所以脚显得特别小。便根据其形体作弓跬装束，成为风靡一时的时尚，都以其美以为美，加上她聪颖俊秀而且贤惠，禹便娶她为妻，这就是女娇。

女娇生三子：长子名启，承其本姓；次子名宰，姓顾氏；三子名罕，封余庆王，姓余氏。涂山氏教子有方，明训教，使三个儿子都很贤明。禹王治水，其黄帝《水经》、《降龙伏魔》、《穿山透地》等书，一起授给涂山氏。正由于此，天下臣民才不拥戴益而拥戴启。

启即天子位后，命伯益为辅佐，一年后伯益病死，启按礼仪每年祭祀。

其时，有有扈氏，多行不法，不向启贡赋，称霸一方。启召集六卿会议，决定派兵征讨，在甘大战，启失败。六卿请启召集诸侯合兵讨伐。启说："我的地域广大，百姓也不少。之所以征讨失败，是由于我德薄而不善于教导。怎么能再去讨伐有扈氏呢？"于是下令班师。启回到都城，不抚琴瑟，不动钟鼓，夜不衽席，食不兼味，整日苦心冥想，设法治理，使百姓忠孝悌弟，尊老爱幼；在朝政上，选贤任能。如此不到一年，启将政务治理得有条不紊，国力日益强大，而有扈氏不征自服，甘愿俯首称臣。

3. 后羿代政

启在位九年而死，子太康即天子位。其余五个弟弟分封于卫。太康骄奢淫逸，不理国政，大权旁落，归于有穷国国君后羿。在此情势下，太康仍荒淫无度，到洛水之外游猎，达百日之久，也不思返回，遭到百姓的怨恨。后羿见百姓对天子怨声载道，趁机而起，将太康距于洛水之外，不让其归国。太康的五个弟弟陪着母亲在洛水的拐弯处等待着他们的哥哥。五个弟弟等了很久，也不见太康归来，又见后羿作乱，便阐述大禹之戒，作歌五首，表达心中的愁怨。太康因后羿作乱不能回到都城，遂将夏阳作为都城。太康在位二十九年，去世于夏阳。后羿迎立太康之弟仲康为天子。

仲康即位之初，就任命允侯掌管六师，借以收取后羿的兵权，而令后羿仍为相。当时掌管天文的官是羲和，系后羿同党。遇到日蚀，羲和竟然不及时奏报，采取措施，予以救护，暗自认为日为君象，此日蚀意谓天子有大难。仲康得知，便命允侯征讨，以剪除后羿的羽翼，也警告后羿莫作非分梦想。因此，在仲康执政期间，后羿始终不能得逞。仲康在位十三年而死，子帝相立为君王。

帝相既立为君，由于微弱，不能制服后羿，后羿趁机专权，将帝相驱逐到商丘居住，依同姓诸侯斟灌斟鄩（音xún）氏。后羿遂代夏理政，之后，依恃他的善射技术，不治民事，专好出外围杀野兽；打击和排挤贤臣而用寒浞（音zhuó）。寒浞此人，专会谄媚后羿的内宫，又向后羿左右臣僚大行贿赂；愚弄百姓，使其称颂后羿的功德，同时侍候后羿围猎。如此一来，内外都服从寒浞，而后羿仍执迷不省。当后围猎归来，即被其家奴逄蒙等斩杀，并且将其肉烹煮，让后羿的儿子吃。后羿的儿子不忍心吃父亲的肉，又被寒浞唆使逄蒙等杀死。

4. 少康享国

寒浞杀死后羿之后，自立为王。但夏的旧臣纷纷逃奔，依附有鬲氏。寒浞奸宿后羿之妻，生浇及豷。浇就是奡（音ào），力大无比，能陆地行舟。寒浞见旧臣逃奔，便让奡去消灭斟灌斟鄩氏，杀死帝相。帝相妻缗已经怀孕，从孔穴中匆忙逃出，归于有仍，在这里生下少康。

少康长大之后，任有仍的牧正。奡使其臣椒打听少康的下落，并要将少康领回去。少康得知，便逃奔有虞，任有虞的庖正。有虞国君将二姚许少康为妻，以诸纶为邑，有田一成，有众一旅，使其布德，招收夏国臣民，给以官职，养精蓄锐，以谋中兴之举。同时，又暗中告知夏国旧臣靡。靡从有鬲氏将斟灌斟郭氏的余众召集起来，消灭了寒浞而立少康为王。接着少康令臣女艾，在涡消灭了寒浞的长子奡；又令太子季杼在戈消灭了寒浞的次子豷。便回故都即位。自此，夏国渐渐复兴，诸侯无不喜悦臣服。

后羿专权八年，寒浞篡位六十年。少康即位后，便封庶子无余于越，春秋在会稽山祭祀禹。享国极久，至汉武帝时，夏国才最后灭亡。还有一种说法：帝相妻子出逃，少康从有仍逃奔有虞，与旧臣靡一起举兵灭寒浞，都是狐后涂山氏为之通风报信，也是这一系列事件的主宰。但史籍并没有类似记载。大概是一些小说家附会之言，所以不敢相信。

5. 孔甲食龙

少康在位二十二年而死，子季杼即位；季杼在位十七年而死，子槐即位；槐在位二十六年而死，子芒即位；芒在位十八年而死，子泄即位；泄在位十六年而死，子不降即位；不降在位五十九年而死，弟扃即位；扃在位二十一年而死，子廑即位；在位二十一年而死，不降之子孔甲即位。孔甲荒淫无道，又好鬼神之事，肆行淫乱。夏国的国政开始衰败。

当时，天降二龙，一雌一雄。孔甲便到处寻求能养龙的人，昔飂叔安有裔子名董父，特别爱龙，能根据龙的嗜好喂养，所以有许多龙都愿意让董父喂养。这样就有了豢龙氏。陶唐氏衰败之后，又有叫刘累的人，到豢龙氏那里学喂养龙的技术。此时得知国王寻求喂养龙的人，便前来自报能喂养龙。国王便赐其氏为御龙。不久，一雌龙死，刘累暗中把龙肉做成酱，送给国王吃，国王觉得味道十分甘美。过了一段时间，国王又要吃上次吃过的酱。刘累难以办到，又害怕雌龙死的事被发觉，就偷跑到鲁县。

雄龙见雌龙已死，又没有了喂养它的人，便在庭中流着涎沫说："我是褒国的神龙，还我雌龙来！"孔甲请卜师占卜，是杀，是留，都不吉。卜师请把雄龙的涎沫收藏起来。大吉。孔甲令布币策告。涎沫，是龙的精气。龙死而精气在，用木匣收藏。一直传及殷周至厉王之末，又有一段奇闻，放在后面叙述。

6. 酒池肉林

孔甲在位三十一年而死，子皋即位；皋在位十一年而死，子发即位；发在位十九年而死，子履癸即位，这就是夏桀，更为荒淫无道，暴虐无比。有位叫赵梁的，教之贪狼，天下臣民怨恨，诸侯国之中有的也不来朝贡。

夏桀力气极大，能把铁钩拉直，把铁链拉断。对不来朝贡的诸侯，派兵讨伐。当讨伐有施氏时，有施氏将名叫妹喜的女子嫁给夏桀为妻，桀十分宠爱，言听计从。竭尽百姓的财力，为其筑琼宫瑶台。将肉砌于糟堤，将干肉悬挂在林间，酒池可以行船，糟堤长达十里。宫女三千人，全部脱去衣服，听到鼓声一响，三千宫女一齐把头扑在池上喝酒，而使阴部高高暴露出来，如牛一般；鼓声再一响，三千宫女又一齐到林间吃干肉，仍要一脚着地，一脚踩树，以献出阴部为原则；鼓声再一响，一齐喝酒，又一响，一齐倒在堤上吃肉，如牛一样，纷纷忙乱。桀与妹喜看到这种情境，大笑取乐。

桀还令百姓凿山穿陵以通于河，对谏阻之人，不分青红皂白，立即处斩。不仅如此，又凿池为夜宫，张灯饮酒，令男女脱光衣服杂处其中，相互观看男女交合的姿势。桀与妹喜大为欢乐，特作《女乐》。

太史终古，拿着图法痛哭进谏，夏桀不听，终古遂逃奔于商。其时，商汤为诸侯领袖，系一方之长，专掌征伐之事。

邻国葛伯到了祭祀时节而不祭祀，商汤遣人责问："为何还不祭祀？"葛伯说："祭品不足。"商汤令人送去牛羊，葛伯便把送来的牛羊杀掉吃了，仍不祭祀。商汤又遣人责问："为何还不祭祀？"葛伯回答说："谷物种子供不应求，无人耕耘。"商汤令亳地百姓带着种子去帮助耕耘。葛伯率领民众前去抢夺，凡不给的全被杀死。其时，有一童子拿着黍肉给帮助耕耘的人吃，葛伯想抢夺，童子宁死不给，也被葛伯杀了。商汤大怒，率兵征讨葛伯，百姓十分高兴，敬佩商汤，唯恐商汤不派兵前来。有的说："你为什么不早点来呢。你虽然来晚了，我们也得到了安宁和幸福。"

7. 商汤灭夏

商汤曾外出巡视，看见一人四面张网，口中念念有词："从天上掉下来的，从地下冒出来的，从四方来的，都入我网。"

商汤说："嘻，说得够全的。"边说边上前解去三面之网，只留一面，同样口中念念有词：“想左的到左边去，想右的到右边去，想升高的升高，想降下的降下，凡不听命令约束的，才入我网。”

汉南诸侯听到商汤说的话后，不约而同地说：“商汤的道德修养达到了很高的境界，他的恩德兼及禽兽。”不长时间，归附商汤的诸侯达四十余国。而夏桀与之相反，虐待宗族，辱戮勋旧，轻视贤良，摒弃礼义。

关龙逢曾谏言：“人君谦恭敬信，节用爱人，天下才能安宁，社稷才能稳固。可是，君王用财无穷无尽，杀人只求甚多。这样下去，百姓唯恐君主不早点灭亡呵！人心已去，天命亦不保佑。你怎么不知悔悟呢？”桀不仅不听，反而说：“我之有天下，犹如天之有日。只有天日灭亡了我才会灭亡。”便将龙逢囚禁杀害。商汤听到龙逢被杀，叹息不已，并派人前去哭丧。夏桀对商汤的举动十分恼怒，把商汤囚于夏台。不久，才被释放。

其时，星陨地震经常发生，伊水洛水枯竭，泰山崩陷，灾异屡屡出现。而夏桀暴虐日甚一日。在此形势下，伊尹辅佐商汤兴师伐桀。夏桀闻讯，急调九夷之师，迟迟不到。便叹道：“我后悔没有在夏台把商汤杀死，才使他兴兵伐我。”等两军接战，夏桀不胜，遂奔于三朡之国，商汤率兵追歼，活捉夏桀，流放到南巢。

夏桀在位五十二年，流放后三年，死于亭山。夏朝灭亡。共十七王，连同后羿、寒浞，前后四百三十九年。商汤代夏为王。

夏朝世系表

（约前2070—前1600）

（1）禹——（2）启┬（3）太康
└（4）仲康——（5）相——（无王之世）——（6）少康

（7）予（杼）——（8）槐（芬）——（9）芒——（10）泄┬（11）不降
└（12）扃

——（14）孔甲——（15）皋（昊）——（16）发（敬）——（17）癸（桀）
——（13）廑（胤甲）

商

（前1600—前1046）

1. 商王三让

商王成汤，名履，又名大乙。黄帝后代，姓子氏。当初帝喾高辛氏第三个妃子是有娀氏女名叫简狄，在祖庙祈祷赐给后代，适逢有一紫燕将卵掉在地上，简狄知道是吉兆，拣起吃下，于是怀孕，生下契。契为司徒，事唐虞，教化子民有功，封在商地。传十一代至主癸，娶扶都氏，为贯月白气所感怀孕生下汤。

商汤讨伐桀，召集诸侯会盟，商汤退居诸侯的位置，说："天下，是天下人的天下，只有有德行的人可以处天子位。"三次推让，诸侯都推举商汤，于是商汤即天子位。崇水德，尚白色，国号商，建都于亳。

商王即位，废除夏桀的暴政，从宽治民，用人由自己决断，不怕改正错误，远近都归顺了商汤。于是改正朔，以建丑之月为一年的开始，改称年为祀。颁立助田法：把六百三十六亩的田地，分为九块，形如井字，这就是一井。每块地七十亩，中间

青铜鼎

一块为公田，外面的八块分授给各家，只是借助各家之力助耕公田，而不再向私田征税。国君、卿大夫、列士的俸禄，按等级取自公田，这就是助法。用伊尹、仲虺为相。

二十一年，大旱，伊尹对汤王说，开发庄山的金铸币，以便与天下四方互通有无，赈救灾民，灾民因此没有受到困扰。当时，大旱七年，太史占卜，说："要杀人来祈祷。"汤王说："我所以要求雨，就是为了子民。如果用人祈祷，就请用我吧。"于是斋戒，剪发，剪指甲，乘素车白马，身披白茅作为祭天的祭品，在桑林田野祷告。祷词说："不要因为我一人的愚笨，损伤天下子民的性命。"并从六个方面自责，说："为政不节俭吗？子民失职了吗？宫室太奢华吗？嫔妃太多吗？贿赂横行了吗？佞臣得势了吗？"话没说完，数千里境内降下大雨。

这年大丰收，天下人都欢喜融洽。于是作桑林之乐，名叫《大护》，在器皿上刻下铭文，作为警戒。

2. 太甲幽闭

汤王在侯位十七年，在王位十三年，共三十年而死。活了一百岁，葬在济阴的桐宫。太子太丁死得早，太丁的儿子太甲继立。由自己总领百官，听命于冢宰，国事完全由伊尹处理。太甲仗恃有伊尹辅佐，不行德政，不遵守汤王制订的典制。伊尹多次告诫，太甲不听。伊尹根据居丧的典制，将太甲幽居在汤王坟墓所在的桐宫，让他反思祖先创业的艰难，不致终身迷惑。太甲居桐宫三年，果然能回顾先祖业绩而反思，认识自己过错，因而能行事仁义。伊尹这才让他穿上礼服，迎接他复位。

太甲能施行德政，诸侯都服从他。在位三十三年而死，其子沃丁继立。八年，伊尹死，活百余岁，天降三天大雾，沃丁用天子礼节为他送葬，并亲自参加丧仪。任用贤臣咎单为相，并仿效伊尹行事，在位二十九年而死，弟太康继位。太康在位二十五年而死，其子小甲继位。小甲在位十七年死，弟雍己继位。己在位十二年死，弟太戊继位。

太戊即位，用伊尹之子陟与臣扈为相，巫咸辅佐他。当时有祥桑生于朝中，七天而大盛，太戊很害怕，去问伊陟。伊陟说：“妖不能胜过有德的人，君王为政是否有缺失呢？”于是太戊行先王之政，明养老之礼，早上朝晚退朝，问疾吊丧，三天后祥桑枯死。诸侯都来朝贡，远方来的有七十三国，商道得以复兴。在位七十五年而死，其子仲丁继位。当时亳都有河水泛滥的灾患，于是迁都于嚣。在位十三年而死，国内发生祸乱，弟外壬继位。

壬在位十五年而死，弟河亶甲继位。这时嚣都又发生河水泛滥的灾害，于是迁都到耿，又迁到邢。用巫咸的儿子巫贤为相，诸侯都服从，商道得以复兴。在位十六年而死，其子祖辛继位。辛在位十六年而死，弟沃甲继位，沃甲在位二十五年而死，国家发生祸乱，祖辛之子祖丁继位。祖丁在位三十二年而死，国家发生祸乱，沃丁之子南庚继位。南庚在位二十五年而死，国家有祸乱，祖丁之子阳甲继位。

阳甲在位七年而死，弟盘庚继位。这时邢都又有河水泛滥，再迁都到亳，恢复商汤故都，改国号为殷。恢复成汤的德政，商道复兴，诸侯都来朝贡。在位二十八年而死，弟小辛继位。辛在位二十一年而死，弟小乙继位。小乙在位二十八年而死，其子高宗武丁继位。

3. 双陆博艺

当初，武丁做太子时，小乙想让他了解子民的疾苦，让他居于民间，了解稼穑的艰难。即位后，以甘盘为相。恭谨沉默，思索治国之道，居丧三年没说话，政事由冢宰决断。居丧后，也不说话，群臣都劝谏说："不说话我们无法听命。"武丁说："我梦到上帝赐贤臣辅佐我，由他代我说话。"于是将梦中所见画成图像，派人拿着画像寻找。看见在傅岩筑墙的傅说和画像无异，于是请来见武丁。武丁和他交谈后十分高兴，拜为宰相，因而天下大治，殷道复兴。在位五十九年而死。其子祖庚即位。祖庚在位七年而死，其弟祖甲继位。

当初高宗武丁想废祖庚而立祖甲，祖甲认为不合礼义，逃到民间。即位后，知道百姓生活之所凭依，因而能保护惠爱子民，不欺鳏寡，国家大治。在位三十三年而死，其子廪辛继位。辛在位六年而死，其弟庚丁继位。庚丁在位二十一年而死，其子武乙继位，迁都河北。武乙暴虐无道，作木偶人，称为天神，与之博艺游戏，行双陆，令人扮作天神进行博艺，天神不能得胜，就被屠杀侮辱。用皮革做成口袋，将血盛在里面，悬在空中，用箭射，射中了血就流出，叫作"射天"。在位四年，在河渭间打猎时，被雷劈死，其子太丁继位。太丁在位三年而死，其子帝乙继

成汤像

位。帝乙在位三十七年而死，其子受辛继位。

4. 妲己乱政

起初，帝乙有三子，同母所生。他们的母亲还是姬妾时，生下微子启和仲衍。立为后以后，才生下受辛。帝乙和后都想立微子启为太子，太史根据礼法争辩说："有妻子的儿子就不可以立妾的儿子。"这样才立受辛为太子，就是后来的商纣王。

纣王天性善巧辩，见闻广博，敏锐，力量过人，能与猛兽相搏。其智慧足以抗拒劝谏，巧辩足以掩盖过失，认为天下均是自己所有。纣王听说有苏氏有个叫妲己的女人，非常漂亮，于是讨伐有苏氏。有苏氏只好将妲己献给纣王。有人说，妲己本是个贤惠的女子，因为禹后涂山氏不满成汤取代夏桀的天下，屡次决开河水困扰，于是便借冀州侯苏护献女的机会，派千年修炼的粉面妖狐在恩州驿舍魅死妲己，变成妲己的容貌，卧在帐中。苏护不知道，将她献给纣王。但她的脚小不能变大，因此穿上狭小的弓形鞋，无比娇媚，商因为她而被灭亡。这都是小说家的话，没有凭据，不敢擅自写入史书。

纣王宠幸妲己，言无不从，妲己喜好的人就很恭敬对他，所恨的人就将他杀掉。作奇技淫巧以取悦妲己，让师娟作朝歌北部边地的音乐和舞蹈，靡靡之音，淫乱无比。筑造鹿台，造琼室玉门，大约三里，高千尺，七年造成。加重赋税，以充实鹿台的财宝，粟米装满钜桥仓，狗马奇物，充满后宫，多造沙丘苑台，离宫别馆。以酒为池，悬肉为林，男男女女裸身在其中追逐，相遇就交合，并让他们相互乱交，纣王和妲己在旁观看他们交合的姿态取乐。宫中设九市，昼夜饮宴，百姓怨愤。

诸侯中有背叛的，妲己认为是处罚太轻的缘故，于是加重刑罚：将熨斗内燃起火焰，用来熨烫人手，一触即烂；又造铜柱，外涂油膏，内部燃火，将犯罪的人绑在柱上，惨叫声令人不忍卒听，受刑者皮肉焦烂露骨而死。纣王和妲己却很高兴，称之为“炮烙之刑”。

5. 西伯昌食子

纣王下诏，要天下诸侯贡献美女。九侯贡献一女，容貌艳美，肤如凝脂，纣王常常临幸。但她畏畏怯怯，不解风情，与妲己大不相同。纣王心生一计，要她赤身和别人交合，纣王和妲己从旁观看取乐。此女不肯，纣王将她杀掉并将九侯处以醢刑。鄂侯为此与纣王相争，结果也被杀害。

纣王还将孕妇在自己面前剥光衣服，剖开腹部，取出胎儿观看是男是女。冬天寒冷的时候，在鹿台上，看到一老一幼二人涉水，而老者反而不怕寒冷，于是派人捉来，砍开腿骨，看他们的骨髓哪个更丰富。西伯昌知道这些事，摇头叹息。

崇侯虎告诉纣王说：“西伯昌、子发和旦都是圣人。三圣合谋，是君王的忧虑。”纣王于是将西伯昌囚在羑里，要杀掉他。西伯昌说：“我只有认清天人之道，顺从并接受了。”于是根据庖牺氏的八卦，推演出六十四卦，并作爻辞，以流传后世，用来预卜吉凶。

当时西伯昌的长子在殷商为质，即伯邑考，他向纣王进谏，被纣王烹而为羹，赐给西伯昌，并说："圣人应当不吃用他自己儿子做的汤。"西伯昌却吃掉了。纣王说："谁说西伯昌是圣人，吃了儿子做成的肉汤还不知道。"因此有了赦免的想法。

西伯昌的臣子闳夭、散宜生，寻得有莘氏美女，骊戎有花纹的马，有熊氏的九驷，和各种新奇的东西，通过纣王宠信的费仲献给纣王。纣王十分高兴，指着有莘氏美女说："有这一样东西足以赦免西伯昌，何况有这么多！"于是赦免了西伯昌。

6. 怜才惜骨

西伯昌获释后，献出洛西之地，并请求废除炮烙之刑，纣王准许，并赐给西伯昌弓矢、钺，可以专权征伐。西伯昌退归田舍修养德行，诸侯们多背叛纣王而归顺西伯昌，西伯昌率领殷商的叛国，继续侍奉纣王。

西伯昌将出外田猎，占卜说："非龙非，非熊非罴，非虎非貔，所猎获的是霸王的辅佐。"出猎时，果然在渭水边上遇到垂钓的吕尚。西伯昌和他交谈，十分高兴，说："我的先君太公说：'当有圣人来到周地，周因此而兴盛。'你真的是那个圣人吗？太公盼望你很久了。"于是称之为太公望，和他一起乘车回来，拜为师，称之师尚父。

当时，西伯昌在江汉汝坟之间游方募化，四方诸侯都来请他平判争讼。有两个叫虞和芮的君王相互争夺田地，很久无法决断，于是一块儿到周朝见。进入周境，看到种田的人都相互礼让田界，走路的人相互让路；来到村邑，看到男女不同路，老人不提重物；来到朝中，士谦让大夫，大夫谦让卿。二君感叹说：“我们所争夺的，正是周人所耻笑的。我们是小人，不能踏上君子之庭。还去做什么？去了也是自取羞辱。”于是回去，相互谦让田地谁也不争。汉南诸侯听说，归顺的有四十国。

西伯昌征伐密须、耆、邗、崇，并建丰邑，迁都于此。造灵台，开凿灵池，挖地挖出死人骨头，西伯昌说：“安葬他。”官吏说：“这是没有主人的。”西伯昌说：“拥有天下的，就是天下之主；拥有一国的，就是一国之主。我就是他的主人！”于是给他穿戴好重新安葬。天下人闻说此事，都说：“西伯昌恩德惠及枯骨，更何况人呢？”于是又有三十国归顺，西伯昌拥有天下的三分之二，仍然事殷商，终身没有二心。

西伯昌患病，五天后地动，只限于国都，没有超出郊外。有司请求说：“地动不出郊外，人主就要有灾。请兴师动众，扩大国城，这样可以转移灾害。”西伯昌担心这会劳损子民，没有答应。后来病重，对子发说：“看到善的不要怠慢，时机到了就不要犹豫，远离是非，这三条，就是道的最高境界。”子发跪拜接受教诲。西伯昌死，寿九十七岁，子发继立为西伯。

7. 武王伐纣

西伯发以太公望为师，周公旦为辅佐，将公奭、毕公高等人召在自己身边，继承其父留下的事业。当时殷地山鸣、河水枯竭，天上出现两个太阳，女人变成男子，宫中夜里有哭声却找不到哭的人。

黎侯封地靠近王畿，对纣王命令不遵从，纣王不知惩处。西伯发讨平黎，殷人十分震惊。祖伊很害怕，跑去告诉纣王。纣王说：“我的生死难道不是天命吗？”不听劝告。西伯发在孟津阅兵示威，渡河到河中央时，有白鱼跃入船中，西伯发拾起并用它祭祀。渡河后，从天上降下一团火，到西伯发住的屋上，化为乌，颜色赤红，叫声响亮。八百诸侯不约而至，都说：“应该征伐纣王！”西伯说：“我阅兵于孟津，希望他悔悟。天命还在，不可征伐。”于是撤兵。

纣王更加淫乱不止。有个叫梅伯的人性忠直，数次劝谏，纣王发怒将他杀掉并剁成肉酱。有个叫雷开的人，性阿谀谄佞，进谄言，纣王反而赐他金玉并赏给夏田。微子数次劝谏不听，就和太师箕子、少师比干商议离开纣王，带着祭器归顺于周。箕子劝谏，纣王也不听，有人劝他离开，箕子说：“明知不听还要说，这是愚；杀身而显现君主之恶，而自己取悦于民，我不忍这样做。”于是装疯。纣王又囚禁他，于是躲起来，弹瑟悲叹自己的命运。

比干于是向纣王陈述先王创业的艰难，天命不可更易，国家要灭亡的征兆。纣王大怒，说：“比干自认为是圣人，我听说圣人心有七窍，是真的吗？”杀掉比干，剜出他的心察看。太师疵、少师疆，带着乐器逃往周，于是周武王遍告诸侯说：“殷王有大罪，不可不伐。”于是东伐纣。

伯夷、叔齐，是孤竹君的两个儿子。孤竹君临死，命叔齐继

周武王姬发像

立，死后，叔齐将位让给伯夷，伯夷说："父命你继立。"于是逃走。叔齐不肯，也跑掉。

现在武王伐纣，用车拉着父亲西伯昌的牌位，伯夷、叔齐叩头劝谏："父亲死了不埋葬，并涉及兵戈，能说是孝吗？臣下杀君上，能说是忠吗？"旁边的人想杀他们。太公说："这是义士。"将他们扶起后，离开了。

武王在孟津大会诸侯。乙卯正月戊午，军队渡河，在牧野列阵，纣王发兵七十万人抵抗，但都无心恋战。武王让师尚父帅百名勇士冲锋，纣王军队前锋倒戈反攻，自相残杀。武王领军追杀，纣兵崩溃。纣王穿上珍珠衣，登上鹿台自焚而死。在位三十三年。武王斩杀妲己，殷亡。

殷朝共二十八王，六百四十四年。诸侯尊周为天子。伯夷、叔齐耻于吃周的粮食，隐藏在首阳山，采薇而食。有个妇人说："你们仗义不吃周粟，这草也是周的呀。"于是饿死。

商朝世系表

（前1600—前1046）

- （1）汤（大乙）
  - （2）太丁
    - （5）太甲
      - （6）沃丁
      - （7）太庚
        - （8）小甲
        - （9）雍己
        - （10）太戊
          - （11）中丁
          - （12）外壬
          - （13）河亶甲
            - （14）祖乙
              - （15）祖辛
                - （17）祖丁
                  - （19）阳甲
                  - （20）盘庚
                  - （21）小辛
                  - （22）小乙
                    - （23）武丁
                      - （24）祖庚
                      - （25）祖甲
                        - （26）廪辛
                        - （27）康丁
                          - （28）武乙
                            - （29）文（太）丁
                              - （30）帝乙
                                - （31）帝辛（纣）
              - （16）沃甲
                - （18）南庚
  - （3）外丙
  - （4）中壬

西周

（前1046—前771）

1. 姬氏传承

周武王姓姬名发，是黄帝的后代。起初，帝喾（kù）的高辛氏的配偶、有邰（tái）氏的女儿姜嫄（yuán）到野外去，看见巨人的脚印，感到喜悦，在上面踩了一下，觉得内心震动，便怀了身孕。过了一整年，姜嫄生下一个男孩。她认为很不吉利，把孩子丢到小巷里，但经过这里的牛马都不肯踩他；她又把孩子移放到树林中，恰巧碰上山林中人很多，只好再换地方；她又把男孩抛到水渠的冰块上，却有一群飞鸟用翅膀覆盖着他。姜嫄认为很神奇，便将他抱回抚养。由于当初打算将他抛弃，所以给他取了个名字叫弃。

当弃还是一个儿童的时候，就像大人物一样出类拔萃。他喜欢玩的游戏是栽麻种豆。及至长大成人，他便喜爱务农种地。帝尧推举他担任了农师，天下的人们都因他而得到好处。后来，弃因管理农业立下的功劳而被封于邰地，号称后稷（jì），并另

西周青铜方彝

立姓氏为姬氏。后稷的曾孙公刘从邰地迁居到豳（bīn）地。此后，又过了九代，传位于古公亶（dǎn）父。古公亶父为了避免狄人的侵扰，便离开豳地，迁居岐（qí）山脚下。

古公亶父有三个儿子，长子名泰伯，次子名仲雍（yōng），三子名季历。季历生子姬昌，姬昌德行高尚。古公亶父打算把王位传给季历，以便将来让姬昌继位。泰伯得知古公亶父的意图，便和仲雍逃往吴楚地区。古公亶父死后，季历即位，这就是王季。王季死后，儿子西伯姬昌即位，这就是周文王。周文王娶有莘（xīn）氏的女儿为妻，称作太妊（rèn）。太妊没有妒忌之心，品德高尚，先后生了十个儿子。其中，长子伯邑考死得很早，而次子就是姬发。

周文王去世后，姬发即位，这就是周武王。周武王终于出兵讨伐商朝，得到天下，而将商纣王的儿子武庚封为殷侯。周武王因刚刚平定殷纣，天下尚未安宁，便让自己的弟弟管叔鲜和蔡叔度前去监督殷侯，辅助武庚治理殷朝故地。

周武王命令召公将被商纣王囚禁的箕子释放出来，命令毕公将被商纣王监禁的百姓也释放出来，并表彰商容居住的里巷；命令南宫括和散宜生散发鹿台的财物，发放钜桥的粮食，来救济贫困无力的百姓；命令闳（hóng）夭为比干的坟墓培土增修。微子和胶鬲（lì）都成为周朝的臣属，殷朝的遗民都非常高兴。

周武王还重新修订历法，以每年十一月为全年的第一个月，将商朝所称的祀改称为年；规定尊尚赤色，天子、诸侯、卿、大夫在举行朝仪、祭礼的时候都要穿着冕服。于是，周武王前往周朝的太庙祭祀祖先，追谥古公亶父为太王，季历为王季，父王为文王。周武王又建立了十一而税的彻法，规定一个成年男子可以得到田地一百亩，这种田法与商朝的助法大略相同。

周武王在即位的第三天，将士人和大夫召集起来，问他们说："怎样才能有一个文字简约、便于保存、足以广泛指导行动，可以让子孙后代永远遵守的原则呢？"军师尚父回答说："黄帝和颛顼所推崇的道理，在丹书上便有记载。丹书说：'在恭敬胜过怠惰的情形下是吉祥的，在怠惰胜过恭敬的情形下就要灭亡；在道义胜过欲望的情形下是顺利的，在欲望胜过道义的情形下就会遇到凶险，凡办事不能强干有力，就会白费力气；不能心存恭敬，就难以保持中正。白费力气的做法就会导致覆灭，心存恭敬的做法才能万世长存。文字简约、便于保存、足以广泛指导行动，可以作为子孙后代永远遵守的法则，就是这几句话了。"

周武王听到这一席话，引起了警惕，怀着恐惧的心情，在退朝后为自己制定了戒条，写在席子的四角上，就连镜子、盥盘、楹柱、手杖、衣带、鞋子、酒器、祭器、房门、窗户、佩剑、弓矢、长矛上面，都分别写下了铭文。

2. 分封制度

周武王谦虚律己，向箕子询问殷朝灭亡的原因说："我将殷纣王杀掉，这是对呢，还是不对呢？"箕子不忍心说殷朝的坏话，周武王便向他询问治理天下的道理。箕子向周武王陈述了

《洪范》中的道理。于是周武王便将箕子分封到朝鲜，而不让他向周朝称臣。

周武王追念前代的圣君，便表彰分封神农的后代于焦地，黄帝的后代分封到祝地，少昊的后代兹舆分封到莒（jǔ）地，帝尧的后代分封到蓟（jì）丘，帝舜的后代胡公妫（wěi）满分封到陈地，大禹的后代分封到杞地，祝融的后代分封到郲地，四岳的后代文叔分封到许地，仲虺（huī）之弟雍滑的后代分封到薛地。周武王还分封建立功勋的大臣和同姓宗族：军师姜尚第一个受到分封，周武王把他分封到营丘，称作齐；周公旦分封到曲阜，称作鲁；又将召公奭分封到北燕，毕公高分封到毕地，弟弟叔鲜分封到管地，叔度分封到蔡地，叔父振铎分封到曹地，叔武分封到郕（chéng）地，叔处分封到霍地，康叔分封到卫地，叔绣分封到滕地，虢（guǒ）仲分封到西虢，虢叔分封到东虢，泰伯的后代周章分封到吴地，仲雍的后代分封到虞（yú）地。

周武王统领全国，设立了七十一个藩国，其中封立兄弟建国的有十五人，封立姬姓建国的有四十人。周朝的子孙，只要不是癫狂昏惑的人，就会成为诸侯。周武王还颁赐宗庙祭器，将殷朝的器物分赐给诸侯。周武王的声威与德行传播到远方各地，于是与夷人与蛮人往来的道路畅通无阻，夷人与蛮人都带着本地的土产前来进贡。肃慎人进贡楛（kǔ）木箭杆和石制箭头，西方远国的人进贡猛犬。

周武王将都城迁移到镐（hào）地，这就是镐京。周武王建立了学校，确立了养老制度，制作了音乐，称作《大武》。有一

周公旦像

次，周武王得了病，周公旦便设立坛场，向太王、王季和文王祷告，要求以自身代替周武王去死。史官将他写着祷告文字的简策，收藏在金属制造的书柜中。周武王在第二天也就痊愈了。五年以后，周武王去世。他在西伯位十三年，在王位七年，享年九十三岁。

3. 周公旦代政

当初，周武王在晚年娶了吕望的女儿，名邑姜。邑姜的品德也很高尚，还为周武王生了儿子姬诵。至此，姬诵即位为周成王，他的年纪只有十三岁。当时，周公旦担任冢宰，便暂时代理朝政，主持国家大事，面向南方，身靠屏风，来朝见诸侯。于是，管叔、蔡叔和霍叔向周成王散布流言说："周公旦准备做对幼君不利的事情。"周成王也对周公旦产生了怀疑。于是，周公旦退位回避，离京返回东方的鲁国，依据《周易》的三百八十四爻（yáo），分别写上爻辞。周公旦身居东方，忧虑武庚肯定要发起叛乱，周王室必然要受到动摇，便写下《鸱鸮（chī xiāo》这首诗，赠给周成王。

三年以后的秋天，在庄稼已经熟透，尚未收割的时候，天上忽然雷电交加，狂风大作，庄稼全被吹倒，连大树也被连根拔起，臣民都感到非常恐惧。周成王与朝中大夫也都惊惧不定，便打开金属制成的书柜，去考究古代的事迹，以便验证占卜的吉凶，于是从中看到周公旦祷告先王，请求代替周武王去死的简册。周成王手持祷文，流下了眼泪。周成王来到郊野，迎接周公旦回朝。周公旦仍然担任辅佐周成王的职务，天上便落下雨水，刮起风来，使庄稼全部竖立起来。毕公高和召公奭命令国人将倒下去的大树全部竖立起来，用土培好根基，大树仍旧安然无恙，这一年获得了大丰收。

奄国的国君薄姑对禄父说：“周武王已经死去，现在周成王年纪还小，周公旦又遭到怀疑，这是千载难逢的好机会啊，请您起兵举事吧。”武庚听从了薄姑的建议，与管叔、蔡叔和霍叔一起反叛周朝，奄国以及淮夷、徐戎也都背叛了周朝。于是，周公旦写下《大诰（gào）》一文，明确开导天下百姓，接受周成王的命令，前去讨伐武庚。

周公旦诛杀了管叔，将蔡叔流放到郭邻，把霍叔降为庶人。周公旦又命令儿子鲁侯伯禽前去讨伐淮夷和徐戎，平定了奄国和淮夷，东方因此安宁下来。周成王便将微子封到宋地，以便昭显殷人的后代，允许微子采用殷朝的礼仪和音乐，作为周朝的宾客，不用向周朝称臣。

4. 成王亲政

周成王渐渐长大成人，到了能够亲理国政的时候，周公旦便将国政交还。周成王站在中间处理政务，四位圣明的大臣在身边辅佐他。周公旦通常站在前面，太公望通常站在左面，召公奭（shì）通常站在右面，史佚（yì）通常站在后面，因此周成王计虑谋划从没有失算的时候，办事从来没有错误的举动，终于把天下治理得政治修明。

姜太公像

周成王将国都定在郏鄏（jiá rǔ），郏鄏便是洛邑。由于洛邑地居全国的中央地带，四面八方入朝进贡的途程均等，称为东都，又称作成周。周成王将殷朝遗民迁移到成周，让周公旦分而治之。周成王又将蔡叔的儿子蔡仲分封到蔡地，将自己的弟弟叔虞分封到唐地，唐地即后来的晋国。周成王在位三十七年去世。他的儿子姬钊即位，这就是周康王。

5. 徐子越位

周成王和周康王在位期间，天下太平，臣民从不触犯法令，刑具搁置了四十多年而不曾使用。周康王在位二十六年去世。他的儿子姬瑕（xiá）即位，这就是周昭王。在周昭王在位五十一年间，周朝政教逐渐衰败。周昭王巡视南方，在返回的途中需要渡过汉水，楚国指使汉水之滨的百姓，让周昭王乘坐用胶粘成的船只。周昭王乘船行至汉水中心，胶又化成液体，船只散了，周昭王以及蔡公都被淹死。

周昭王的儿子姬满即位，这就是周穆王。周穆王得到八匹骏马，造父因善于驾车而得到宠幸。周穆王希望放纵心志，行遍天下各地。这时，徐戎发起叛乱，率领九夷，前来讨伐宗周，向西前进到黄河边上。周穆王害怕徐戎逼近宗周，便命令分出一部分东方的诸侯由徐子主持。

徐子，是嬴姓的一支，他的国家方圆五百里。徐子施行仁义，得到朱红色弓箭，自认为这是天降的祥瑞，便自称偃王，由陆路前去朝见徐子的诸侯有三十六国。

周穆王此时正在巡行西方，乐而忘返，得知徐子越位称王的消息后，便命令造父驾着马车回朝，以便解救偃（yǎn）王发起的变乱，并命令楚国前去讨伐徐国。徐子爱护人民，不懂权变，不忍心让人民参加战斗，便向北逃往彭城，追随徐子前去的百姓有一万多人。徐子在临死前说："我只依赖礼乐教化治理国家，却不通晓治军打仗，所以有这样的结局。"

6. 周室式微

周穆王将赵城封给造父，造父一族从此姓赵。周穆王还命令吕侯制定了健全的刑法。周穆王在位五十五年去世，享年一百又四岁。周穆王的儿子周共王姬繄扈（yī hù）即位，在位十二年去世。周共王的儿子周懿王姬艰即位，在位二十五年去世，周懿王的弟弟周孝王姬辟方即位。

当时有一个商朝蜚廉与恶来的后代名叫非子的人，喜欢马匹，并善于喂养繁殖马匹。周王命令非子在汧（qiān）水与渭水一带主管马匹，马匹大量繁殖，迅速增加。周孝王便将非子封为附属于周朝的小国君主，在秦地建立封邑，让他接续伯翳（yì）的后代。后来，天上降下猛烈的冰雹，牛马都被冻死，长江和汉水都封冻结冰。

周孝王在位十五年去世，周懿王的后人周夷王姬燮（xiè）即位，开始走到朝堂下面来接见诸侯。周夷王在位十六年而死。

周夷王的儿子周厉王姬胡即位以后，任命荣夷公为卿士，专门去做搜刮财货、从中渔利的事情，臣民都指责周厉王的过失。

召公说："人民已经难以忍受你所实行的政令了！"周厉王非常生气，便找到一个由卫国前来的巫师，让他去监视人们对自己的非议。只要卫国的巫师报告谁非议自己，周厉王就将谁杀掉。

国人都不敢讲话，在道路上相遇的时候，只好以目示意。周厉王却高兴了，便告诉召公说："我能够将人们的非议消除。"召公说："这是阻止人民讲话的做法啊。你要知道，要防止人民去讲出自己的意见，比防止河流冲决堤防还要困难。河流堵塞了，就会决口，必然要伤害许多人。说到人民，道理也是一样。现在大王堵住天下民众的嘴巴，一味推行自己的错误做法，我担心会给国家带来忧患。"

周厉王仍不听从召公的劝告，国人也都不敢开口讲话。由于周厉王心地乖张而又暴虐，众多的百姓难以忍受，便互相联络，发动叛乱，袭击周厉王。

周厉王逃到彘（zhì）地，太子姬靖请召公让自己在他家中躲藏，百姓便将召公的住宅包围起来。召公用自己的儿子代替了太子，太子终于得以脱身。

由于周厉王住在彘地，不敢回京，朝中的两位宰相周真公、召惠公认为太子姬靖年龄还小，便一起同心合力，共同管理国家政务，号称共和。周厉王在彘地去世，在位五十一年。其子姬靖即位，这就是周宣王。

周公与召公辅佐周宣王整顿朝政，效法文、武、成、康的治国之道，任用申伯、仲山甫和张仲，顺从天下民心，改正那些有失情理的事情，倡导仁德教化，荐举隐居不仕的贤人志士，国境以内的百姓纷纷闻风仰慕，诸侯重新归向周朝，周天子的德化再次流行。

有一次，周宣王早晨起得晚了，姜后便摘去长簪（zān）和耳环，在后宫中等待治罪，还让自己的师傅和保姆向周宣王传话说：“由于我没有能力，致使大王贪恋女色，忘记德行，有失礼节，起床太晚。您有失检点的行为，是由我引起的，我请求大王惩罚我的过失。”周宣王说：“我失德无行，实在是自己犯下的过失，你没有什么罪责啊。”从此，周宣王勤勉地处理政务，很早便去上朝，很晚才退朝，终于成就了中兴的名望。

当时，发生了马匹变成人、兔子在镐京舞蹈的奇闻怪事。周宣王打算杀掉大臣杜伯，其实杜伯却并没有罪责。杜伯的朋友左儒为杜伯争辩，周宣王不肯听从，杀掉杜伯。左儒也以自杀相抗。周宣王在外出打猎的时候，便看见杜伯和左儒用朱红色的弓箭射中了自己的心房。周宣王因此病倒了，心房时常作痛，不久就去世了。周宣王在位四十六年，接着便是他的儿子周幽王姬宫湦即位。

7. 烽火戏诸侯

当初，夏朝孔甲在位时期，执掌占卜的官员将龙的涎水放在木匣中收藏，一直流传到商朝和周朝，没有人敢于打开木匣。周厉王在位末期，打开木匣，观看龙的涎水，涎水流到大殿中，再也不能除去。

周厉王指使妇女光着身子，把龙的涎水烘干，结果龙的涎水变成一条蜥蜴（xī yì）一类的动物，进入周厉王的后宫。后宫中有一个正当童年的婢女，连乳牙还没有脱完，此时便碰上了这条蜥蜴。她成年以后，便怀了身孕，历时多年，到周宣王在位时期才生下一个女儿。由于没有嫁人就生了孩子，她心中很害怕，便将生下的女孩遗弃了。

当时，有一个童谣唱道："檿（yǎn）弧箕服，实亡周国。"檿是山桑，弧，是弓。箕，是一种草的名称，像荻（dí）草，但更细，可以编结成袋子，用来盛箭。周宣王禁止百姓出卖这两种器物，但有一对夫妇不知道此事，仍然在出卖桑木制成的弓和箕草编结的箭袋。

周宣王让人捉拿这对夫妇，这对夫妇丢掉弓和箭袋逃走，却在途中遇见以前周厉王后宫童年婢女遗弃的怪异的女孩子。这对夫妇可怜女孩在夜间啼哭，便将她抱起来，一起逃往褒地。后来，褒地人褒姁（shuò）犯有过失，便将这个女孩献给周幽王。周幽王把这个女孩安置在后宫之中，便免除了褒姁的罪过。

被遗弃的女孩生长在褒地，龙的涎水由夏朝发端，而夏朝的姓氏为姒（sì），所以此女便取名叫作褒姒。褒似两颊长得像绽开的荷花，眉清目秀，齿白唇红。因为她是由龙的涎水生成的，所以双脚又瘦又小，总是穿着弓鞋走路。她和苏妲己一样，生有沉鱼落雁、闭月羞花的容貌。周幽王前往后宫的时候，对她一见倾心，宠幸无比，而她也为周幽王生下儿子伯服。

褒姒与虢石父相互勾结，并且诬陷申后以及太子姬宜臼。周幽王便将申后以及太子姬宜臼废免了，却将褒姒立为王后，将她的儿子伯服立为太子。太子姬宜臼只好外逃到申国。

西周发生了地震，三川干涸，岐山崩陷。太史伯阳父说："周朝就要灭亡，祸殃已经酿成，已无法挽救！"褒姒喜欢听撕裂丝帛发出的声音，周幽王便天天发放丝帛，让人撕裂，以求使褒姒快活适意，然而还是没有能使她笑上一笑。

褒姒嫣然一笑，足以使人回肠荡气。但是，周幽王千方百计地引她发笑，却没有达到目的。前朝的君王曾经设置烽火台，且与诸侯约定，如果发生敌寇入侵之事，就点燃烽火示警，各路诸侯则分别率领军队前来增援。周幽王打算让褒姒发笑，便毫无来由地将烽火点燃起来，各路诸侯也全部赶到。诸侯到来以后，发现并没有敌寇，于是，褒姒放声大笑。

当时，周幽王准备杀死太子姬宜臼，便向申国索取其人，申侯却不肯将人交出。于是，周幽王就前去讨伐申国，申侯与鄫（céng）国人便招引西夷和犬戎，前来侵犯周朝。周幽王点燃烽火，调集兵马，但是没有一兵一马前来响应。

犬戎在骊（lí）山脚下将周幽王杀死。周幽王在位十一年。犬戎虏获了褒姒，杀死了郑桓公，将周朝的宝物与财货统统席卷而去。秦襄公奋力出战，击退犬戎，卫武侯和、晋文侯仇也率领军队驱逐犬戎。郑国的世子掘突收编了父亲郑桓公溃散了的军队，跟随诸侯前往申国迎接原先的太子姬宜臼，姬宜臼回国后登上王位，这就是周平王。

周平王认为丰、镐距离犬戎太近，便将都城向东迁移到洛邑，以便躲避犬戎的侵扰。秦襄公率领军队护送周平王东迁，周平王这才将秦襄公封为诸侯，赐给他岐、丰一带的土地。从此，秦国便开始壮大起来。

周平王又将卫武侯和晋升为伯，赐给晋文侯仇河内地区的土地，作为附属，从而，晋国也开始壮大起来。至此，西周便灭亡了。西周总共有十二位君主，经历了三百五十二年时间，以周平王东迁而宣告结束。自从周王室将都城东迁洛邑以来，周天子的势力已经非常微小虚弱，发出的号令根本不能实行，政治权力实际都掌握在诸侯的手中。

周王先世世系表

（1）弃（后稷）——（2）不窋 ——（3）鞠 ——（4）公刘 ——（5）庆节

（6）皇仆 ——（7）差弗 ——（8）毁隃 ——（9）公非 ——（10）高圉

（11）亚圉 ——（12）公叔祖类 ——（13）古公亶父（太王）

（14）季历（王季） —— （15）文（王）姬昌 —— （16）武王姬发

西周世系表

（前1046—前771）

（1）武王姬发（前1046—前1043）——（2）成王姬诵（前1042—前1021）——（3）康王姬钊（前1020—前996）——（4）昭王姬瑕（前995—前977）

（5）穆王姬满（前976—前923）——（6）共王姬繄扈（前922—前900）——（7）懿王姬囏（前899—前892）——（9）夷王姬燮（前885—前878）

（5）穆王姬满 ——（8）孝王姬辟方（前891—前886）

（10）厉王姬胡（前877—前842）—— 共和（前841—前828）——（11）宣王姬静（前827—前782）——（12）幽王姬宫涅（前781—前771）